U0102429

中国古代大政治家的治国智慧

◎ 马平安 著

周公治国
家国同构与敬德保民

中国文史出版社

图书在版编目（CIP）数据

周公治国：家国同构与敬德保民 / 马平安著 . --
北京：中国文史出版社，2021.12
（中国古代大政治家的治国智慧）
ISBN 978-7-5205-3162-7

Ⅰ . ①周… Ⅱ . ①马… Ⅲ . ①周公—生平事迹 Ⅳ . ① K827=24

中国版本图书馆 CIP 数据核字 (2021) 第 181836 号

责任编辑：窦忠如

出版发行：中国文史出版社
社　　址：北京市海淀区西八里庄路 69 号院　邮编：100142
电　　话：010-81136606　81136602　81136603（发行部）
传　　真：010-81136655
印　　装：廊坊市海涛印刷有限公司
经　　销：全国新华书店
开　　本：787×960　1/32 开
印　　张：6.25
字　　数：113 千字
版　　次：2022 年 9 月北京第 1 版
印　　次：2022 年 9 月第 1 次印刷
定　　价：36.00 元

作者简介

马平安，1964年生，河南卢氏人，历史学博士，中国社会科学院近代史研究所研究员、中国社会科学院大学教授。出版著作《晚清变局下的中央与地方关系》《近代东北移民研究》《北洋集团与晚清政局》《中国政治史大纲》《中国传统政治的基因》《中国近代政治得失》《走向大一统》《传统士人的家国天下》《黄帝文化与中华文明》《孔子之学与中国文化》等30余部，发表文章50余篇。

总　序　治理国家需要以史为鉴

　　世上任何事情的出现，都是一种因缘关系在起作用的结果。

　　这套即将问世的政治家与中国传统国家治理智慧的小丛书，即是本人对中国传统政治与文化多年学习与思考后水到渠成的一种自然的结果。

　　从宏观上来看，国家的治理是一项十分复杂的系统工程。但如果将这一复杂性和系统性作抽象的归类，其基本内容则主要只有两项，也就是《管子·版法解》中所说的"治之本二：一曰人，二曰事"。这其中，人才是关系国家兴衰的第一要素，所以《管子·牧民》篇又说："天下不患无臣，患无君以使之；天子不患无财，患无人以分之。"历史上，政治家对国家制度的探讨、官员的任用、民众的管理、财政的开发、外交的谋划、各种突发事件的应对及处理，等等，无不是对国家治理经验的丰富与积淀，而由这些内容所形成的政治文化，就成为中华民族文化中极其重要的组成部分。

中外古今大量历史经验表明，一个国家和民族的存在与发展，最根本的依赖是文化，以及由文化而产生出来的文化精神。民族的文化精神是一个国家和民族赖以生存和发展的支柱，是一个国家和民族的脊梁，代表着一个国家和民族的精气神。离开了文化和文化精神的支撑，该国家或民族的存在便无以为继。从周公到康熙皇帝，他们都是在中国乃至中华民族发展历史上作出了巨大贡献的杰出人物，他们缔造的政治制度、所展现的政治智慧，都成为中国文化精髓中的重要组成部分，对中华民族的传承与发展有着不可替代的支撑作用。

中国古人懂得总结历史经验教训的重要性，应该是从黄帝时代就开始了，但有明确文字记载的，则要从周人说起。

周人对历史经验的总结、回顾，从文王时代就已经有了明确的记载。《诗经·大雅·荡》篇引文王所说的"殷鉴不远，在夏后之世"，就是周文王针对殷纣王不借鉴也不重视夏后氏被商汤灭亡的教训所发出的叹惜。朱熹在其《诗集传》中说："殷鉴在夏，盖为文王叹纣之辞。然周鉴之在殷，亦可知矣。"文王一方面为殷纣王而叹惜，另一方面也以历史的经验教训作为周人的戒鉴。

殷商灭亡后，周武王、周公以及其他一些有为的周王和辅政大臣更是常常总结夏殷两代人的经验教训。这可以分成两个方面，一方面是对夏殷两代成功统治经验的总结以供学习、效法；另一方面是对夏殷两代执政者的罪过、错误和失败教训的总结以供戒惕。这种模式，可以说是开了中国人史鉴意识的先河。

周人思维的特征之一就是习惯以古观今，拿历史来借鉴、说明、指导现实以照亮未来前进的方向。周初统治者即是这种思维特征的代表人物。周公治理国家，不仅总结了夏殷两代失败的历史教训，而且还总结了夏殷先王成功的历史经验，并对这些经验予以高度的赞扬和汲取，从而开创了中国历史上的封建政治制度与建立了家国一体的文化意识。从《周易》《尚书》《诗经》《周礼》《仪礼》等若干先秦文献中，都可以看到周人具有的这种浓郁的史鉴意识。这种文化意识，深深地影响了中国人的文化与心理。

在现实生活中，我们在欣赏画作时，都知道每幅作品中藏着一个画魂，这个"魂魄"，往往代表了这幅画境界的高低与价值的大小。

以史观画，史学的作品，又何尝不是如此呢？

本丛书之"魂"，即是"传统国家治理的经验与教训"。这是一条古代政治家治理国家所汇集而成的波浪滔天、奔流不息的历史长河，在这条奔腾前行的河面上不时迸溅出交相辉映、绚丽夺目的朵朵浪花。

这也是一条关于中国古代治理智慧的珍珠玛瑙链，是对古代政治家治国理政智慧和务实政治原则的浓缩，是对古代统治者及关注政治与民生的政治思想家们勇猛精进所创造历史的经验教训的一种总结。

纵观中国古代治理史，夏、商、周三代，周公对国家的治理最具有代表性，他封邦建国，创建宗法制度、礼乐文化，以德治国，注重史鉴，对中国传统政治文化价值体系的形成和发展，有着独特的贡献。春秋时期，孔子对国家治理的思考与探索亦堪称典型。他把政治的实施过程看作是一个道德化的过程，十分强调执政者自己在政治实践中以身作则的表率作用，主张"礼治""德治""中庸"，十分强调统治者在治国理政中富民、使民、教民的重要性。战国时期，商鞅改革的成就史无前例。商鞅最重视国家的"公信力"，他主张用法治手段将国民全部集中于"农战"的轨道，"法""权""信"构成了他的治国三宝。在商鞅富国强兵政策的基础上，秦王嬴政实现了国家的统一。秦始皇所开创的中华帝制、郡县制，所拓展的疆域，进一步奠定了中华民族发展的基础。楚汉战争胜利后，刘邦建汉。作为一个务实且高瞻远瞩的政治家，他更具有史鉴意识，采用"拿来主义"，调和与扬弃周秦政治，他的伟大之处在于实行"秦果汉收"，兼采周公与秦始皇治国理政的长处，从而较好地解决了先秦中国政治遗产的继承和发展问题。汉武帝是继周公、孔子、秦始皇、汉高祖之后又一具有雄才大略的不世之主。他治国理政兼用王霸之道，在意识形态上采取文化专制主义，尊崇儒术，重视中央集权以及皇权的建设。三国两晋南北朝时期，因为分裂与战乱，这一时期鲜有在国家治理方面高水平的大政治家，其间尽管有曹操的挟天子以令诸侯、在北方开辟屯田；诸葛亮治理西蜀与西南地区，但皆无法与统一强大王朝的治理体系与能力相媲美。唐宋时代，唐太宗、宋太祖对国家的治理堪为后世示范。唐太宗的三省制衡机制、宋太祖对文官制度的重视与建设都很有特色。北宋后期有王安石变法，但这种努力以失败而告终，非但没有能够挽救北宋王朝，相反倒十足加剧了北宋的动荡与灭亡。明代中后期，统治者一直在寻找振兴之路，其中以张居正新政最具代表性。张居正治国理政所推行的考成法与一条鞭法，为后来治国者的治吏与增加财政收入提供了经验教训。清朝前期，康熙皇帝用理学治国，用各民族团结代替战国以来的"长城线"边防思维，今天中国五十六个民族、幅员辽阔的疆域领土、大国的自信，等等，都是那个时候奠定的。康乾盛世是中国古代五大盛世中成就最高的盛世，康熙皇帝治国理政的经验教训值得总结。

从历史上看，历代帝王圣贤皆重视治国理政、安民惠民，这是经济义理之学所以能成为中国传统文化核心特征的一大重要因素。

笔者以为，在追求学问之路上，大致可以分为四重境界来涵养：

第一重境界，专业之学。也可以称为职业之学，是人们讨生活、养家庭，生存于天地、社会间必具的一门专业学问。只要努力与坚持，人人可为，尽管会有程度高低不同。

第二重境界，为己之学。也可以说是兴趣之学、爱好之学、养基之学。对于这种学问，没有功利，不为虚名，只为爱好而为之。

第三重境界，立心之学。在尽可能走尽天下路、阅尽阁中书，充分汲取天地人文精华的基础上，立志尽己之能为人间留一点正能量的东西，哪怕是炳烛、萤火之光。

第四重境界，治国平天下之学。这种学问在实践上有诸多苛刻条件的限制，无职无位无权者很难走得更远；在理论上也需要有远大抱负、超凡脱俗之人来建树。做这种学问的目的，在于"为万世开太平"，为民族为国家之繁荣富强，为民众之安康福祉，生命不息，追求不已。

从格局上看，古人读书写作多非专职，由兴趣爱好适意为之，因为不是为了"衣食"，故以"为己"之学为多，其旨意亦多追求"立德立功立言"，在著作上讲究"经济义理考据辞章"。窃以为，古人眼中的"经济"，远不是今人所说的"经济"。"经"者，经邦治国；"济"者，济世安民也。经邦治国，济世安民才是古人心中的"经济"之学。"义理"是追求真理，为世人立心，替生民立命。"考据"重在材料在学术研究中的选择及运用。"辞章"则是重视文采的斑斓与华丽。对"经济""义理"的向往和追求是国人的动力，是第一位的。孔子曰："言而无文，行之不远。"此"文"说的就是"经济""义理"。"考据"需要勤奋、细心、谨慎、坚持就可以做到。"辞章"则往往与人的天赋与性格关系很大，千人千面，很多不是通过努力就能达到的。姚鼐在《述庵文钞·序》上说："余尝论学问之事，有三端焉，曰：义理也，考证也，文章也。"章学诚在《文史通义·说林》中说："义理存乎识，辞章存乎才，征实存乎学。"今天，如何学习与继承中国古人优良的著述传统，在生活实践中树立"修齐治平""家国天下""立德立功立言"三不朽意识，将"经济义理考据辞章"融会贯通，目前还有很多值得努力的地方。

从学术角度言，一部好的史学作品，离不开对史料的抉择与作者论述的到位。资料的充实、可靠，作品的立意高格、布局得体是形成一部好作品的必要条件，尤其是资料是否充实、可靠更是研究工作的基础。很明显，本丛书的立意布局都需要充实的资料来讲话。不幸的是，中国虽然是一个历史大国，然而扫去历史的尘埃，一旦进入相关领域认真搜寻探究，就会发现，史料的不足与缺乏成为制约史学作品完善与深入的瓶颈。从现有资料看，研究周公治国主要有《周易》《今古文尚书》《周礼》《仪礼》等；商鞅有《商君书》、出土的文物、《史记》等，孔子有五经、《论语》等；秦始皇有《史记》中的《秦始皇本纪》《秦本纪》，以及一些出土的秦简、文物等；汉高祖、汉武帝有《史记》《汉书》及汉人留下的一些著作；唐太宗有《贞观政要》《新唐书》《旧唐书》等；宋太祖有《宋史》《续资治通鉴长编》《续资治通鉴》等；王安石有《王安石全集》《宋史》《续资治通鉴长编》等；张居正有《张太岳集》《明史》《明实录》等；康熙皇帝有《康熙政要》《清史稿》《康熙起居注》《清实录》等，可作为参考。但说实话，这些资料仍然很不够，一句话，资料的缺乏与不足影响了本丛书认识与探索的空间，这也是美中不足、无何奈何的事情。

此外，史学作品要求一切根据资料讲话的特点，也决定了其风格只能是如绘画中的工笔或白描，而不能采用写意的手法，随意挥洒，这也影响了作品的表达形式。

本丛书是为人民大众服务的，首先，需要风格活泼、生动、有趣味，文字通俗、流畅、易懂、可读；其次，力求作品的学术性、严肃性与准确性。也许，只有在坚持学术性、严肃性与准确性的前提下，把学究式的文风变成人民大众喜闻乐见的文风，才能收到更广泛的社会效应。但我深知，很多地方还远远没有做到。"路漫漫其修远兮，吾将上下而求索。"大众学术一直是笔者努力的方向。

目前，中国正在进行伟大的变革，如何推进国家治理体系和治理能力现代化，这既是全面深化改革的热点，更是一个难点问题。在中国这样一个具有悠久历史和文化传统的国度里，我们必须遵循中华民族自身的发展规律，循序渐进地向前迈进。

习近平总书记指出："一个国家选择什么样的国家制度和国家治理体系，是由这个国家的历史文化、社会性质、经济发展水平决定的。"这提醒我们，中国的发展道路具有中国自身特色，实现中国国家治理现代化，离不开中国历史传承和文化传统，离不开中国经济社会发展水平，离不开中国人民自己的选择。

历史与文化是"民族的血脉，是人民的精神家园"，历史不能割断，实现中国国家治理现代化，需要中国"历史传承和文化传统"，源于"古"而成就于"今"，从中国古代的政治实践中汲取有益的营养，努力探寻传统文化的现代转化，为构建当今和谐社会提供借鉴，这是本丛书问世的目的所在。

希望这套小丛书能够多少帮助到对中国古代政治史感兴趣的人们！

作者 2020 年底于京城海淀

目　录

前 言　大梦三千年

公元前五世纪后半期至公元前四世纪前半期，一位哲人常常梦见周公，梦见周公的事业。这位哲人就是中国历史上的大圣人孔子。清末民初文化名家夏曾佑说："孔子一身，直为中国政教之原，中国之历史，即孔子一人之历史而已。故谈历史者，不可不知孔子。"①然而世人多不知，孔子之道却是源自于周公；孔子之梦，就是"周公梦"。从孔子开始，历经世代治国者与救世者的传承，这个梦一做就是三千多年。"周公梦"成了中华优秀政治文明符号。甚至至今，"周公梦"仍然时刻萦绕在无数为中华民族复兴大业奋斗着的中华儿女的灵魂深处，成为"中国梦"的一部分。

探究"周公梦"，应该从认识周公开始。

关于周公的生平与事业，司马迁在《史记·鲁周公世家》中有这样的记载：

---

① 杨琥编：《夏曾佑集》（下），上海古籍出版社 2011 年版，第 824 页。

周公旦者，周武王弟也。自文王在时，旦为子孝，笃仁，异于群子。及武王即位，旦常辅翼武王，用事居多。武王九年，东伐至盟津，周公辅行。十一年，伐纣，至牧野，周公佐武王，作《牧誓》。破殷，入商宫。已杀纣，周公把大钺，召公把小钺，以夹武王，衅社，告纣之罪于天，及殷民。释箕子之囚。封纣子武庚禄父，使管叔、蔡叔傅之，以续殷祀。遍封功臣同姓戚者。封周公旦于少昊之虚曲阜，是为鲁公。周公不就封，留佐武王。

武王克殷二年，天下未集，武王有疾，不豫，群臣惧，太公、召公乃缪卜。周公曰："未可以戚我先王。"周公于是乃自以为质，设三坛，周公北面立，戴璧秉圭，告于太王、王季、文王。史策祝曰："惟尔元孙王发，勤劳阻疾。若尔三王是有负子之责于天，以旦代王发之身。旦巧能，多材多艺，能事鬼神。乃王发不如旦多材多艺，不能事鬼神。乃命于帝庭，敷佑四方，用能定汝子孙于下地，四方之民罔不敬畏。无坠天之降葆命，我先王亦永有所依归。今我其即命于元龟，尔之许我，我以其璧与圭归，以俟尔命。尔不许我，我乃屏璧与圭。"周公已令史策告太王、王季、文王，欲代武王发，于是乃即三王而卜。卜人皆曰吉，发书视之，信吉。周公喜，开籥，乃见书遇吉。周公入贺武王曰："王其无害。旦新受命三王，维长终是图。兹道能念予一人。"周公藏其策金縢匮中，诫守者勿敢言。明日，武王有瘳。

其后武王既崩，成王少，在襁褓之中。周公恐天下闻武王崩而畔，周公乃践阼代成王摄行政当国。管叔及其群弟流言于国曰："周公将不利于成王。"周公乃告太公望、召公奭曰："我之所以弗辟而摄行政者，恐天下畔周，无以告我先王太王、王季、文王。三王之忧劳天下久矣，于今而后成。武王蚤终，成王少，将以成周，我所以为之若此。"于是卒相成王，而使其子伯禽代就封于鲁。周公戒伯禽曰："我文王之子，武王之弟，成王之叔父，我于天下亦不贱矣。然我一沐三捉发，一饭三吐哺，起以待士，犹恐失天下之贤人。子之鲁，慎无以国骄人。"

管、蔡、武庚等果率淮夷而反。周公乃奉成王命，兴师东伐，作《大诰》。遂诛管叔，杀武庚，放蔡叔。收殷余民，以封康叔于卫，封微子于宋，以奉殷祀。宁淮夷东土，二年而毕定。诸侯咸服宗周。

天降祉福，唐叔得禾，异母同颖，献之成王，成王命唐叔以馈周公于东土，作《馈禾》。周公既受命禾，嘉天子命，作《嘉禾》。东土以集，周公归报成王，乃为诗贻王，命之曰《鸱鸮》。王亦未敢训周公。

成王七年二月乙未，王朝步自周，至丰，使太保召公先之雒相土。其三月，周公往营成周雒邑，卜居焉，曰吉，遂国之。

成王长，能听政。于是周公乃还政于成王，成王临朝。周公之代成王治，南面倍依以朝诸侯。及七年后，还政成王，北面就臣位，匔匔如畏然。

初，成王少时，病，周公乃自揃其蚤沉之河，以祝于神曰："王少未有识，奸神命者乃旦也。"亦藏其策于府。成王病有瘳。及成王用事，人或谮周公，周公奔楚。成王发府，见周公祷书，乃泣，反周公。

周公归，恐成王壮，治有所淫佚，乃作《多士》，作《毋逸》。《毋逸》称："为人父母，为业至长久，子孙骄奢忘之，以亡其家，为人子可不慎乎！故昔在殷王中宗，严恭敬畏天命，自度治民，震惧不敢荒宁，故中宗飨国七十五年。其在高宗，久劳于外，为与小人，作其即位，乃有亮暗，三年不言，言乃欢，不敢荒宁，密靖殷国，至于小大无怨，故高宗飨国五十五年。其在祖甲，不义惟王，久为小人于外，知小人之依，能保施小民，不侮寡，故祖甲飨国三十三年。"《多士》称曰："自汤至于帝乙，无不率祀明德，帝无不配天者。在今后嗣王纣，诞淫厥佚，不顾天及民之从也。其民皆可诛。""文王日中昃不暇食，飨国五十年。"作此以诫成王。

成王在丰，天下已安，周之官政未次序，于是周公作《周官》，官别其宜，作《立政》，以便百姓。百姓说。

周公在丰，病，将没，曰："必葬我成周，以明吾不敢离成王。"周公既卒，成王亦让，葬周公于毕，从文王，以明予小子不敢臣周公也。

周公卒后，秋未获，暴风雷，禾尽偃，大木尽拔。周国大恐。成王与大夫朝服以开金滕书，王乃得周公所自以为功代武王之说。二公及王乃问史百执事，史百执事曰："信有，昔周公命我勿敢言。"成王执书以泣，曰："自今后其无缪卜乎！昔周公勤劳王家，惟予幼人弗及知。今天动威以彰周公之德，惟朕小子其迎，我国家礼亦宜之。"王出郊，天乃雨，反风，禾尽起。二公命国人，凡大木所偃，尽起而筑之。岁则大孰。于是成王乃命鲁得郊祭文王。鲁有天子礼乐者，以褒周公之德也。

周公卒，子伯禽固已前受封，是为鲁公。鲁公伯禽之初受封之鲁，三年而后报政周公。周公曰："何迟也？"伯禽曰："变其俗，革其礼，丧三年然后除之，故迟。"太公亦封于齐，五月而报政周公。周公曰："何疾也？"曰："吾简其君臣礼，从其俗为也。"及后闻伯禽报政迟，乃叹曰："呜呼，鲁后世其北面事齐矣！夫政不简不易，民不有近；平易近民，民必归之。"①

从司马迁的上述记载中，我们可以得到如下清晰的印象：

第一，周公，名旦，是周文王之子，周武王之弟。

第二，他曾经辅佐文王、武王艰难创业，最终完成了灭商大业。文王时，周公孝顺、忠厚、仁爱，胜过其他兄弟。到武王即位，他佐助武王处理政务，辅弼武王完成了翦灭商王朝的大业，成为周王朝最重要的几位缔造者之一。

第三，周王朝建立后，周武王封周公于少昊故墟曲阜，这就是鲁公。但周公没有去自己的封国，而是留在朝廷继续辅佐武王。

第四，武王死后，其子成王年幼，周公摄政七年。一年救乱，二年克殷，三年践奄，四年建侯卫，五年营成周，六年制礼乐，七年致政成王。这是他一生政治事业达到巅峰的时期。他辅佐成王，平定叛乱，克定东方，推行封建，建立礼乐，兴造东都洛邑，在巩固和发展周王朝的统治上起到了

---

① （汉）司马迁撰：《史记》卷33《鲁周公世家第三》，中华书局1982年版，第1515—1524页。

关键性的作用，对中国历史的发展产生了深远影响。

其实，司马迁的叙说还远远没有道尽周公在中国历史上的巨大作用。如果我们继续深入发掘的话，就会发现，周公是中国历史上少有的一位具有卓越贡献的大政治家。夏曾佑曾言："孔子之前，黄帝之后，于中国大有关系者，周公一人而已。"又说："周公集黄帝、尧、舜、禹、汤、文、武之大成，其道繁博奥衍。""有周一代之事，其关系于中国者至深，中国若无周人，恐今日尚居草昧。盖中国一切宗教、典礼、政治、文艺，皆周人所创也。中国之有周人，犹泰西之有希腊。泰西文化，开自希腊，至基督教统一时，希腊之学中绝。泊贝根以后，希腊之学始复兴。中国亦有若此之象，文化虽沿自周人，然至两汉之后，去周渐远，大约学界之范围，愈趋于隘，而事物之实验，愈即于虚，所以仅食周人之弊，而不能受周人之福也。"① 此言一语道尽了天机。

周公对中国历史的贡献，可以集中概括如下：

（1）以民情视天命，全面开创了人文新时代。

（2）开创了以德治国新模式，敬德保民慎罚。

（3）封邦建国，从政治体制上实现了华夏政治从洪荒时代的血缘部族向家国同构的贵族文明体制的过渡，奠基了华夏政治大一统格局。

（4）制礼作乐，完善了传统中国的宗法制度。

---

① 杨琥编:《夏曾佑集》（下），上海古籍出版社 2011 年版，第 806—808 页。

（5）与西周政权建设相配套，建立了一系列相关的礼仪制度与祭祀制度。这些制度，对于此后中华民族政治与文化心理的积淀产生了决定性的影响。它所导引出来的心理定势，经过后世儒家的不断放大，最终奠定了中国礼仪之邦的基础。

（6）重视道德教化，实行政教合一的官学制度，加强对贵族子弟入仕前的教育。

西周初年，周公勤政爱民，"一沐三捉发，一饭三吐哺"[①]，在尊祖敬宗、"制礼作乐"、构建文明社会秩序、发展人文主义、建业与守业、明德重民等方面，对中国政治、文化的发展均具有里程碑式的意义。

盖棺论定，周公对于中国传统政治文化价值体系的形成和发展，对于中国早期大一统的草创，等等，均有着独特的贡献，厥功甚伟，是黄帝后的第一人。他深明社会变迁发展的原因，精通政治统治的管理策略，思想敏锐而勇于创新，博学多识而善于决断。西周初年的典章制度，多为周公损益前代政治文化而兴创制作。他一生辅佐武王和成王父子，在政治上有大作为，在文化上有大开拓。他尊重传统，重视以史为鉴，敢于开拓进取，忧患兴国，他所开创的西周人文主义精神及以德治国模式，对后世中华政治文化传统产生了极为深远的影响，在中国政治文化历史上留下了不可磨灭的重

---

① （西汉）司马迁撰：《史记》卷33《鲁周公世家第三》，第1518页。

要印记。史学家钱穆因此感叹说："中国之有孔子，其影响之大且深，夫人而知之。然孔子之学术思想，亦本于中国固有之民族性，构成于历史的自然之发展，绝非无因而致者。孔子晚年，有'久矣！不复梦见周公'之叹，则其壮年以来之于周公，其思慕之忱为何如？孟子云'周公、仲尼之道'，后世亦每以周、孔并称，非无故也。"①

---

① 钱穆著：《周公·弁言》，九州出版社 2011 年版，第 1 页。

第一章　天命与政治

——周公对统治合法性的探讨

在周公的政治智慧中，"祈天永命"永远是和统治者的德政联系在一起的。在形式上，天命虽然还是至高无上，但实际上，德政却成为天命的依据和前提。如此，原来统治人的精神世界、法力无边的天命在事实上遇到了限制。另外，为了防止再蹈殷人丢失政权的覆辙，使周王朝的统治能够永远继续下去，周公几乎在每个场合都宣扬"以德配天""天人感应"的政治理论，并以此谆谆告诫他的侄子成王、兄弟康叔、君奭以及百官、殷后和各诸侯国的首领。"敬德"既是周公对殷人天命观的否定，也是周公对周王朝"祈天永命"的理性思考与如何治理国家的深入探讨。

一、周公对殷人天命观的否定

周王朝建立伊始，统治者就面临着一个亟待解决的重大课题，这就是对于周人国家的意识形态，如何实现从神本世界向人文世界的转变。

殷商政权的统治是建立在绝对依赖上帝与天命保佑的信仰基础之上的。

夏、商是神权巫术政治统治的时代。《礼记·祭义》说："昔者，圣人建阴阳天地之情，立以为易。易抱龟南面，天子卷冕北面，虽有明知之心，必进断其志焉。示不敢专，以尊天也。"[1] 商俗尚鬼。"殷人尊神，率民以事神。先鬼而后礼，先罚而后赏"[2]。《尚书表注》说："商俗尚鬼。"巫术政治统治时代，"王者自己虽为政治领袖，同时仍为群巫之长"，官吏亦"由巫而史，而为王者的行政官吏"[3]，一身而二任焉。这种情况的形成，大概是从原始宗教发展到阶级和国家宗教阶段以后就开始了。

《国语·楚语》记载观射父对楚昭王说过的一段话：

① （西汉）戴圣编：《礼记》《祭义第二十四》，崔高维校点，辽宁教育出版社2000年版，第163—164页。

② （西汉）戴圣编：《礼记》《表记第三十二》，第197页。

③ 陈梦家著：《商代的神话与巫术》，《燕京学报》1936年第20期。

　　古者民神不杂。民之精爽不携贰者，而又能齐肃衷正，其智能上下比义，其圣能光远宣朗，其明能光照之，其聪能听彻之。如是则明神降之，在男曰觋，在女曰巫……于是乎有天地神民类物之官，是谓五官，各司其序，不相乱也。民是以能有忠信，神是以能有明德，民神异业，敬而不渎。故神降之嘉生，民以物享，祸灾不至，求用不匮。

　　及少皞之衰也，九黎乱德，民神杂糅，不可方物，夫人作享，家为巫史，无有要质。民匮于祀，而不知其福。烝享无度，民神同位，民渎齐盟，无有威严。神狎民则，不蠲其为。嘉生不降，无物以享。祸灾存臻，莫尽其气。颛顼受之，乃命南正重司天以属神，命火正黎司地以属民。使复旧常，无相侵渎，是谓绝地天通。

　　其后三苗复九黎之德，尧复育重、黎之后不忘旧者，使复典之。①

　　观射父告诉楚昭王：民神相通并不是民可以登天，而是说远古时代民、神交通整齐有序，人民思想统一，宗教仪规庄严肃穆，神人各司其职，社会稳定，人民生活富足。后来由于“九黎乱德”，造成了宗教制度的紊乱，人人皆可为巫师，家家都能与天神交通，从而侵犯了神的权威，破坏了社会秩序的稳定，人民生活也因此痛苦不堪。于是圣王颛顼命

---

　　① （春秋）左丘明著：（三国）韦昭注：《国语》卷18《楚语下·观射父论绝地天通》，上海古籍出版社2015年版，第376—378页。

令一个叫南正重的大臣司天，管理宗教事务；命令一个叫火正黎的大臣司地，管理人间事务。这项措施剥夺了凡人与神直接交通的权力，由国家任命的专职祭司主持宗教活动，"在男曰觋，在女曰巫"，使人神"无相侵渎"，这就叫"绝地天通"①。

从上述这段话我们可以看出，我国远古时代，确实曾经存在过一个民神杂糅即民众可以随意和上天联系沟通的阶段。那个时候，"夫人作享，家为巫史"，人人可以祭祀天地，每家都有会占卜的巫，随时都可以向上天祈福——这实际上说的是原始社会宗教平等时的事情。从颛顼开始，"夫人作享，家为巫史"②，即人人可以直接向鬼神祈福的局面被结束了，"绝地天通"——神事和人事被分开，巫术为统治阶级专门机构所垄断，形成由巫、觋职业的巫师把持宗教活动的权力。从此，原始宗教发展成为专门为统治阶级服务的国家宗教。

从古代文献看，我国夏代以后，神权和政权已经紧密结合，官僚巫史合二为一，已成为当时政治格局的基本体制。《论语·泰伯》说："禹，吾无间然矣，菲饮食而致孝乎鬼神。"③

---

① （春秋）左丘明著；（三国）韦昭注：《国语》卷18《楚语下·观射父论绝地天通》，上海古籍出版社2015年版，第377、376、378、378页。

② （春秋）左丘明著；（三国）韦昭注：《国语》卷18《楚语下·观射父论绝地天通》，第377页。

③ （春秋）孔门弟子编：《论语》《泰伯篇第八》，杨伯峻、杨逢彬注译，岳麓书社2000年版，第76页。

《山海经·大荒西经》说："夏后开上三嫔于天，得《九辩》与《九歌》以下。"①《尚书·君奭》说"巫咸乂王家"②等，均反映出夏代的开国君主禹、启，商代的第一代君主汤，商大戊时的大臣咸戊等都是著名的巫，集神权与政权于一身。他们把持沟通天地人神的特权来实行王权的统治，借助神权的神秘力量来实施他们的政治意志，从而成为夏、商的政治稳定与社会治理的典型政治智慧。正因为他们在政治治理方面作出了突出的贡献，因而也被尊为夏商的名王和名臣，殷墟卜辞里即有不少殷人对汤和巫咸祭祀的记载。

殷商时代，人们非常迷信鬼神，宗教是统治者治理国家十分重要的工具。从政治上看，当时宗教的作用非常巨大。凡遇战争、迁徙、祭祀、婚姻、建筑、田猎等重大行动，殷王都要命令巫师占卜，为自己的行为披上一件神意的外衣。如《礼记·曲礼》云："卜筮者，先圣王之所以使民信时日，敬鬼神，畏法令也；所以使民决嫌疑，定犹与也。"③《尚书·盘庚》篇，生动地告诉我们统治者是怎样利用宗教强迫民众服从自己意志的。盘庚想把都城从奄地迁往殷地，不少民众表示反对，他便利用宗教来做民众的"思想工作"。他说，先

---

① （晋）郭璞注；（清）郝懿行笺疏：《山海经》《山海经第十六·大荒西经》，上海古籍出版社 2015 年版，第 369 页。

② （春秋）孔子编：《尚书》《君奭》，周秉钧注译，岳麓书社 2001 年版，第 190 页。

③ （西汉）戴圣编：《礼记》《曲礼上第一》，第 8 页。

王们都是依照上帝的意志办事，他们已经迁了五次都，所以国家才兴旺发达。这次迁都我也经过了占卜，"卜稽曰：其如台"。可见迁都的计划得到了上帝的许可，并非我个人的意愿。你们必须服从上帝的意志，否则我要把你们的罪行报告我阴间的祖先。你们祖先死后的灵魂仍是我祖先灵魂的奴仆，我祖先之灵便要报告上帝，惩罚你们祖先的灵魂。你们的祖灵便不再保佑你们了，"乃祖、乃父乃断弃汝"。不仅如此，他们还要到我祖灵前控告你们，"乃祖、乃父，丕乃告我高后曰：'作丕刑于朕孙。'迪高后，丕乃崇降弗祥"。盘庚的威慑、恫吓起了作用，殷民们乖乖地在他指挥下迁到了殷地。当然，维持统治最根本的手段还是政权和军队，宗教只能起辅助作用。盘庚威胁臣民们说："乃有不吉不迪，颠越不恭，暂遇奸宄，我乃劓殄灭之。"①上帝并不真会派鬼神来降祸降灾的，杀戮的屠刀只能来自统治者手中，但通过宗教这层烟幕，现世的惩罚便蒙上了天国的色彩，宗教观念可以放大统治者的威慑力量。②由此可见宗教作为一种官方的意识形态，在殷商政治中的重要作用。

殷代的神权崇拜分为天帝神、自然神和祖先神。天帝神（帝、上帝）地位最高，凌驾于自然神和祖先神之上，可以

---

① （春秋）孔子编：《尚书》《盘庚》，第77、85、85、86—87页。
② 参见牟钟鉴、张践著：《中国宗教通史》（上），社会科学文献出版社2003年版，第111—112页。

干预人类一切活动和事务；自然神如山川河岳则被认为是水旱风雨的主司，是古老的"万物有灵"观念的集中体现；祖先神包括传说中年代久远的先祖和有明确世系的先公、先王、先妣及有影响的旧臣如伊尹、咸戊、傅说、迟任、保衡、甘盘等。卜辞所见，殷人在神权崇拜中以对祖先神的祭祀为最多，大凡国家征伐、年成丰歉及涉及殷王的休咎福祸等，都首先要去祭告祖先，祈求祖先保佑。祈请上帝赐福，一般是请先祖转请，自己并不亲自祈求上帝。因此，先王、先公、先祖之灵便成为沟通天国与现世的唯一桥梁；风雨晦明之事则直接向山川河岳之神请求。这说明殷人的神权观念是基于氏族血缘传统的功利主义的国家宗教观，并不是超自然的宗教观。这种宗教观，主要是通过对祖先的崇拜加强氏族的血缘观念，加强有血缘联系的氏族之间的团结，同时也明确彼此之间的辈分、等级以及应该享有的权利与义务关系，实际上是在政治上借祖先的神灵巩固氏族政权的稳定和加强宗族的凝聚力，并在此基础上有效解决宗族内部的权力财产再分配问题。我们平常说"殷人尊神，率民以事神，先鬼而后礼"，实际上是王权通过神权起作用，主要根据亦在于此。[①]

总之，周王朝的统治是建立在对殷商王朝"周武革命"的基础之上的。一方面，周王朝建立后，为了巩固其政权的

---

① 参见郑师渠总主编，王冠英主编：《中国文化通史：先秦卷》，中共中央党校出版社 2000 年版，第 148—150 页。

需要，也必须在意识形态上清算批判殷商王朝，进而否定其政权的合法性。周初统治者通过对天命的重新解读，极力要让民众相信：夏、商之所以丧失政权，主要原因就是夏桀和商纣"失德"，"有殷受天命，惟有历年……不其延，惟不敬厥德，乃早坠厥命。"就这样，周公将有德和天命联系在一起。在形式上，天命虽然还是至高无上，但实际上，有德却成为天命的依据和前提。如此，周王朝的"天命"就与殷商王朝那种法力无边的天命在事实上有了根本的区别，殷周之变也就有了合法性的依据。为了防止再蹈殷人丢失政权的覆辙，使周王朝的统治永远继续下去，周公几乎在每个场合都宣扬"以德配天"的理论，并以此谆谆告诫他的侄子成王、兄弟康叔、君奭以及文武百官、殷后和各诸侯国的首领。"敬德"既是周公对殷人"天命观"的否定，也是周公对周王朝"祈天永命"①的理性思考与如何治理国家的深入探讨。

二、周公对殷人天命观的改造

决定周公对殷人天命观进行损益和改造，是殷周之际的剧烈的政治斗争和政治、社会变革的要求。

殷商时期盛行神权政治，宗教活动与政治活动糅合在一

---

① （春秋）孔子编：《尚书》《召诰》，第167页。。

起，以致虚无缥缈的上帝意志支配着国家机器的日常运转。西周初年，周人在宗教信仰上仍然与殷人一样，也把上帝视为至上神。这样便有一个极大的矛盾摆在周人的面前，一方面，上帝不能被抛弃；另一方面，如何才能把上帝从殷王手里夺到自己手中，变成自己的保护神？周公成功地解决了这一问题。

相信"我生不有命在天"①的赫赫扬扬、勇武过人的殷纣王，经牧野一战而身死国灭，"小邦周"的统治者在讨殷联军将士的欢呼声中，把胜利的旗帜插到了"大邑商"都城朝歌的城头。形势变化如此迅速，这使得以周公为代表的周初统治者从殷亡周兴的现实变革中认识到，昊天上帝并不是将它的钟爱一次性永久地倾注给某个家族或政权。"天棐忱辞"②，"天畏棐忱"③，"天不可信"④，"天难忱斯，不易维王"⑤，这些话虽然还不能说周公已经对天的威灵产生了怀疑，但至少却表明他已经意识到不能再像殷纣王那样无所作为地依赖上帝的恩赐维持统治。为了使天帝永远将钟爱倾注于周邦，就必须以"敬德"讨它的欢心。由此，周公就在政治上进一步发挥了殷人

①　（春秋）孔子编：《尚书》《西伯戡黎》，第 101 页。

②　（春秋）孔子编：《尚书》《大诰》，第 140 页。

③　（春秋）孔子编：《尚书》《康诰》，第 146 页。

④　（春秋）孔子编：《尚书》《君奭》，第 188 页。

⑤　（春秋）孔子编：《诗经》《大雅·大明》，李泽非整理，万卷出版公司 2009年版，第 211 页。

已经提出的"德"的思想，并将此用于自己的政治实践之中。"德"在周公那里虽然主要还是贵族统治者的道德规范，但内容的深度和广度却已经远远地超过了殷人所能理解的程度。

自诩上帝之子的殷纣王被朝歌一战所推翻，实际上宣告了上帝宗祖一元神论的破产。周人如果继续承认殷人的一元神论，就无法解释上帝何以眼睁睁地看着自己所庇护的人间帝王走向灭亡而不伸出援手，而周人的代殷也就失去了神圣而合法的根据。为了解决这个问题，殷人的上帝和宗祖一元神理论在周公这里便被一分为二：每个家庭的宗祖神虽然能够偏私自己的子孙，但权力更大的上帝却可以根据自己的好恶将地上的统治权自由地转移。而上帝究竟把地上的统治权交给谁，关键在于谁的"德行"是否"配天"。"思文后稷，克配彼天。"① 由此导出了周礼与殷礼的不同。在殷人那里，敬神之礼和祭祖之礼是混淆在一起的，到周公时期，郊祀上帝的郊社之礼与祭祀祖先的宗庙之礼便被截然分开："昔者周公郊祀后稷以配天，宗祀文王于明堂以配上帝。"② "郊社之礼，所以事上帝也。宗庙之礼，所以祀乎其先也。"③ 从这一重大改变应该看到，与殷人的上帝宗祖一元神论相比，周公

① （春秋）孔子编：《诗经》《周颂·思文》，第256页。
② （唐）李隆基注；（宋）邢昺疏：《孝经》卷5《圣治》，上海古籍出版社2014年版，第45页。
③ （西汉）戴圣编：《礼记》《中庸第三十一》，第189页。

的上帝宗祖二元神论在事实上疏远了人间和上帝的关系。周公把上帝打扮成一个对任何人都一视同仁的"公正""光明大德"之神，"皇天无亲，惟德是辅"。一个当权的统治者使上天满意的唯一办法，不在于祭祀的准时和祭礼的隆重，而在于能够做好"敬德保民""明赏慎罚"，把国家的统治秩序建设得有条不紊，各阶层之间等级秩序俨然，贵族统治者内部融洽和睦，百姓能够安居乐业，等等。周公的上帝、宗祖的二元神论虽然还不是无神论，但他引导人们把注意力集中到人事方面来，"尽人事知天命"，把事神的虔诚与事人的兢兢业业结合起来，从而为周王朝的合法统治寻找到了令人信服的理论依据与新的治理路径。

在周公看来，所谓"尽人事知天命"，就是在治国理政的实践中应该牢牢遵循"天不可信，我道惟宁王德延"[①]，"民之所欲，天必从之"，"天视自我民视，天听自我民听"[②]，"人无于水监，当于民监"[③]，"夫民，神之主也，是以圣王先成民而后致力于神"[④]，"国将兴，听于民；将亡，听于神；神，聪明正直而壹者也，依人而行"[⑤]等思想，重点在

---

①　（春秋）孔子编：《尚书》《君奭》，第 188 页。

②　（春秋）孔子编：《尚书》《泰誓》，第 109 页。

③　（春秋）孔子编：《尚书》《酒诰》，第 157 页。

④　（春秋）左丘明撰：《左传》卷 2《桓公六年》，蒋冀骋点校，岳麓书社 2006 年版，第 17 页。

⑤　（春秋）左丘明撰：《左传》卷 3《庄公三十二年》，第 39 页。

"尽人事"方面下足功夫，做好工作。同时，统治者要重视修养自己的德行，要"无淫于观、于逸、于游、于田，以万民惟正之供"①，这样统治才会久远。

周公从殷商亡国的教训中深刻地认识到，人事好坏与施政能力在政治兴亡中起着决定性的作用。一方面，他尊重传统，继续高举"君权天授"的旗帜；另一方面，他则将主要精力寄托在周王朝统治者的勤政爱民上面。在周公的言论中，上帝的权威得到了绝对的遵从。上帝被称之为"天"，周公不管讲到什么或做什么，都声称是天或上帝的意志和命令。这种权威的典型表现是"命哲、命吉凶、命历年"②。"命"，意思是天把大命赐予圣哲，人间的祸福吉凶或年头的长短也都仍然由天命决定。然而，周公并没有简单地继承商王朝关于上帝至上权威的政治观念，而是有所修正，利用神权来抬高王权，在此基础上建立了周王朝自己的官方意识形态。这主要表现在以下几个方面：

第一，建立了"惟命不于常"③的政治观念。

周公提出的"惟命不于常"命题是对天即上帝理论最重要的修正和补充。这句话的意思是：上帝所赐予的大命不是固定不变的。由此引发出一个疑问，既然天命不是固定不变

---

① （春秋）孔子编：《尚书》《无逸》，第 186 页。
② （春秋）孔子编：《尚书》《召诰》，第 167 页。
③ （春秋）孔子编：《尚书》《康诰》，第 152 页。

的，那么上帝是根据什么来赐予或更改天命呢？周公认为，这要看王的表现。天之所以不保佑殷王，就是因为殷王辛胡作非为，奢靡无度，酒气熏天，被天抛弃。《尚书·酒诰》说："故天降丧于殷。罔爱于殷，惟逸。天非虐，惟民自速辜。"[1]周公以此为依据来解释夏、商、周的朝代更替因由。周公指出，夏人不听上帝的规劝，不能节制自己的淫乐放荡之举，因而才会有"成汤革命"之说。从成汤到帝乙，诸王都力行德政，尊祀上帝。于是上帝保佑殷，平安得治，可是继起的嗣王即帝辛以及武庚，不听上天的教诲，还欺骗上帝，奢侈腐败，不顾民难，因此，"上帝不保，降若兹大丧"[2]，殷被周灭亡。周代殷而起是因为周的先王，特别是文王、武王谨遵天命，努力从政，不敢荒政，"故我至于今，克受殷之命"。[3]

第二，提出了上帝以德选民人之主的命题。

这是周公对殷人天命观的另一项重要修正。周公认为，谁能做"民之主"，由天选定。周天子知天命，上帝也就只保护周天子。周之所以被天选中取代了殷商，就是因周有德。《尚书·康诰》说："惟乃丕显考文王，克明德慎罚，不敢侮鳏寡。庸庸，祗祗，威威，显民。用肇造我区夏。"[4]大意

---

① （春秋）孔子编：《尚书·酒诰》，第156页。
② （春秋）孔子编：《尚书·多士》，第177页。
③ （春秋）孔子编：《尚书·酒诰》，第155页。
④ （春秋）孔子编：《尚书》《康诰》，第145页。

是，英明的祖先——文王崇德慎罚，不敢欺侮那些无依无靠的老少，用可用，敬可敬，威可威，使民都明白道理。因此上帝使我们小邦周强盛起来。《尚书·大诰》中也说："已！予惟小子，不敢替上帝命，天休于宁王，兴我小邦周。"① 大意是：唉，我是文王之子，不敢废弃上帝之命。上帝帮助文王，使我们小邦周兴旺起来。经过周公的改造，周人天道观的一个重要变化是直接称周王为天子，以往夏、商仅说王之祖先出自上帝的安排，现在将在位之王直接呼为天子，确立王权神授的观念意识，这就进一步神化了王权，提高了统治者的威信。

第三，以民情视天命。

周公民本思想的产生与小邦周战胜大邑商这个事实有着极大的关系。小战胜大、弱取代强的事实说明，不能简单地一味依赖神明，也不能依靠固有的权力，必须找到一个能够取之不尽、用之不竭的力量源泉，这个源泉就是民众。周公对民众的重视与他对商王朝灭亡原因的总结以及深刻的反思，有着很大的关系。《尚书·康诰》中说："天畏棐忱，民情大可见。"② 这就是说，上帝的威严或诚心，从民情上可以看到。由此进一步引出民近而天远，不知民情就不要妄论天命的思想。《尚书·大诰》说："弗造哲，迪民康，矧曰其有能

---

① （春秋）孔子编：《尚书》《大诰》，第137页。
② （春秋）孔子编：《尚书》《康诰》，第146页。

格知天命。"① 如果还没有使民通情明白，引导民达到安康之境，怎么能说知天命呢?《左传·襄公三十一年》载鲁穆叔引《尚书·泰誓》曰："民之所欲，天必从之。"② 这句话又见于《左传·昭公元年》、《国语》中的《周语》《郑语》等。《孟子·万章上》引《尚书·泰誓》曰："天视自我民视，天听自我民听。"③ 这种思想显然在周初已经萌芽。

从神本世界走向人文时代，这是一场深刻的文化转型，而与之伴生的则是重整世界礼乐文明秩序的时代性课题。周公可以说是位绝顶聪明的政治家，他以清醒的头脑、理智的思考、大胆的尝试，成功地实现了官方意识形态由神本到人文政治的转变。因为他提出了以民为本、本固邦宁类似的政治思想，就有人说他根本不信上帝，对此我们可以进一步探讨。周公确实是一位成熟的政治家，周初还没有抛弃上帝的历史条件，他也不可能抛弃上帝，将上帝的代言权收归周天子之手，重新加以诠释，确立官方的意识形态，周公出色地做到了这一点。周公的理论既保存了上帝，又解释了朝代的更替;既把上帝继续当作政治的保护伞来满足人们精神世界需求，又提出了要面向现实，注重人事，注重民情，从而满

---

① （春秋）孔子编:《尚书》《大诰》，第 136 页。
② （春秋）左丘明撰:《左传》卷 9《襄公三十一年》，第 225 页。
③ （战国）孟轲著:《孟子》《万章章句上》，杨伯峻、杨逢彬注译，岳麓书社 2000 年版，第 163 页。

足了神人两方面的要求。

第四，用"以德配天"说在中国历史上首创了"天人感应论"。

在周公看来，殷人虽然将政权的合法性与永久性建立在依赖天命上面，凡事问卜，以卜决疑，但仅凭此并不能构成"天人感应"。因为卜兆的吉凶与殷王的德行和作为并没有直接的关系。殷人祭祀上帝和宗祖虽然极其隆重，但这仅仅是一种义务，与上帝宗祖对他们的保佑和赐福并没有直接的关系。在殷人看来，上帝和宗祖对他们的钟爱完全是无条件的。因而在殷人那里，天人之间不存在"感"和"应"的问题。在周公发明"以德配天"说之后，"天人感应"才算正式成立。他第一次把天的好恶与统治者的治理实践联系起来，倡导"修人事以应天命"。他一方面承认天是监临下民、赏善罚恶、公正无私的人格神，"我亦不敢宁于上帝命，弗永远念天威"[1]，"敬之敬之！天维显思，命不易哉！无曰高高在上，陟降厥士，日监在兹"[2]。另一方面又认为天不是喜怒无常地随意降下幸福或灾祸。人间帝王敬德保民，天便降下福风惠雨，保佑他国泰民安，五谷丰登；人间帝王背德虐民，天便降下水旱灾异，收回他的统治权力，更易新主。天的意志通过"祥瑞"或"谴告"下示人间，人间帝王亦可通过祭祀向

---

① （春秋）孔子编：《尚书》《君奭》，第 188 页。
② （春秋）孔子编：《诗经》《周颂·敬之》，第 265 页。。

上帝申述己意，通过实际活动向上帝表示自己的赤诚。如此天人交感，上下互应，构成人间的历史运动。在《尚书·多士》和《尚书·多方》两篇诰文中，周公正是用"天人感应"解释了夏、商、周三朝的"惟命不于常"①的王朝更替：

> 我闻曰："上帝引逸。"有夏不适逸，则惟帝降格，向于时夏。弗克庸帝，大淫泆有辞。惟时天罔念闻，厥惟废元命，降致罚。乃命尔先祖成汤革夏，俊民甸四方。
>
> 自成汤至于帝乙，罔不明德恤祀。亦惟天丕建保乂有殷。殷王亦罔敢失帝，罔不配天其泽。
>
> 在今后嗣王，诞罔显于天，矧曰其有听念于先王勤家，诞淫厥泆，罔顾于天显民祗。惟时上帝不保，降若兹大丧。②
>
> 有夏诞厥逸，不肯戚言于民，乃大淫昏，不克终日劝于帝之迪，乃尔攸闻，厥图帝之命，不克开于民之丽。乃大降罚，崇乱有夏……非天庸释有夏，非天庸释有殷，乃惟尔辟以尔多方大淫，图天之命屑有辞。乃惟有夏图厥政，不集于享。天降时丧，有邦间之。乃惟尔商后王逸厥逸，图厥政不蠲烝，天惟降时丧……惟我周王灵承于旅，克堪用德，惟典神天。天惟式教我用休，简畀殷命，尹尔多方。③

按照周公的"天人感应论"，天命对于人事的左右并不是

---

① （春秋）孔子编：《尚书》《康诰》，第 152 页。
② （春秋）孔子编：《尚书》《多士》，第 177 页。
③ （春秋）孔子编：《尚书》《多方》，第 197—200 页。。

绝对不可移易的，人的活动在天命面前也不是全然无能为力的。这实际上等于承认了人可以有条件地掌握自己的命运。这样一来，周公就在殷人僵死的天命论体系上打开了一个缺口，给人的主观能动性争得了一个活动的空间。对于统治者来说，其主观能动性的发挥，就是通过"敬德保民"、勤政爱民，使上天认可和保佑他们的统治权力。周公天命观中所包含的合理内核，集中从这里表现了出来。①

综上所述，周公对殷商天命观的最大的变革，在于他为上帝之命增添了人间道德伦理方面的新内容。在周公的推动下，中国古代的政教合一走上了一条伦理化的发展道路，这为后来春秋时期儒家思想的产生以及后世传统宗教的世俗化奠定了基础。周公天命观表现出两个显著特征：一是周公的天命观实现了"神人相分"；二是周公的天命观融入了道德内涵。这是周公在治理国家理论上的创新。因此，完全可以这样说，周公是用"敬德""保民"的方法论成功地改造了殷人的"惟天是赖"的天命论，这是周初统治者治国理政政治智慧的一个重要表现。

---

① 参见孟祥才著：《周公天命思想初探》，《先秦秦汉史论》，山东大学出版社2001年版，第6—10页。

第二章　忧患与进取

——忧患意识与周初国家治理

　　具有四百余年历史与文化积淀的殷商王朝,在"小邦周"及其力量微弱的联军进攻下不堪一击。"殷鉴"不远,在巨大的胜利面前,周初最高统治者不是忘乎所以,而是"战战兢兢"。这个剧变不但加强了周人原有"戒慎恐惧"的忧患意识,更因此让他们感觉到"惟命不于常"。亲眼目睹天翻地覆变化的周初统治者为此忧心忡忡。面对突如其来的胜利,周人没有骄傲得忘乎所以,反倒如同站在了冬日大河的薄冰之上、万丈深渊之前,小心翼翼,战战兢兢,唯恐得咎。这种浓厚的忧患意识,使得周公等周初统治者以殷商的灭亡为教训,谦虚谨慎,戒骄戒躁,居安思危,高瞻远瞩,"吐哺""三沐",认真努力地治理国家,以求"祈天永命"。

一、周初统治者的忧患意识

对于周初统治者而言，忧患意识就是一种现实的危机感、历史的使命感、对社会与国家的责任感、统治者个人对形势的敏锐感觉以及对政策调整与国家治理的把控能力。它离不开处于逆境、险境、险象环生的现实社会形势变化与风波频生大气候的孕育，也离不开周武王、周公、召公等人丰富的政治阅历和主观上积极进取的人生价值取向。可以说，周初统治者的忧患意识是对殷周之际社会剧变的一种积极的智慧回应，属于当时社会形势刺激所使然。

周初统治者拥有这种浓重的忧患意识是正常的。

1. "殷鉴"不远

一个具有四百余年历史与文化积淀的泱泱大国"大邑商"，在"小邦周"及其力量微弱的联军进攻下一月之内就轰然倒塌。对于周人而言，胜利似乎也来得太容易了点，连他们自己一时都回不过神来。"殷鉴"不远，在这个巨大的胜利面前，周初最高统治者不是忘乎所以，而是"战战兢兢"，心生恐惧之感。这个剧变不但加强了周人原有"戒慎恐惧"的忧患意识，更因此让他们感觉到"惟命不于常"。

高耸的楼台，为什么说倒就倒？铜铸的江山，为什么不堪一击？历史的悲剧，会不会也在周人身上重演？新生的政权，能不能长治久安？殷人祖先，不也曾经光荣伟大吗？殷人的子孙，不也曾经枝叶繁茂吗？然而天命一旦改变，他们一夜之间就成了亡国屈辱之人。这个亲眼目睹的天翻地覆的变化，让周公等人联想到，周人的子孙会不会也有一天步殷人后尘？

周初统治者为此忧心忡忡。

显然，在突如其来的胜利面前，周人没有骄傲得像头得胜的公牛，反倒如同站在了冬日大河的薄冰之上、万丈深渊之前，小心翼翼，战战兢兢，唯恐得咎。没错，皇天上帝的心思，谁也猜不透。他钟爱过夏，眷顾过商，现在又看好周，这可真是"天命无常"。看来，没有哪个民族是"天生的上帝选民"，也没有哪个君主是"铁定的天之骄子"。一切都会变化。唯一不变的，还是变。这就万万不可粗心大意，必须以殷商的灭亡为教训，认真治理国家，谦虚谨慎，戒骄戒躁，居安思危，高瞻远瞩，这样才能"祈天永命"。

周初统治者的伟大之处，在这里表现得淋漓尽致。

2. 是来自巩固新政权的压力

文王、武王灭商兴周的宏愿虽在占领商都朝歌后得到初步实现，但百足之虫死而不僵，殷商政权虽然覆灭，然殷人的实力仍在，如何巩固和扩大新兴的周政权对天下的统治，仍是一个亟须进一步解决的迫切问题。《孟子·公孙丑》说："王不待大，汤以七十里，文王以百里。"[1] 说明直到文王时期，周的实际控制疆域尚不过百里。而殷商王朝实际控制的疆域，据现代考古发现证明，北达山西南部，西抵渭河，南

---

① （战国）孟轲著：《孟子》《公孙丑章句上》，第52页。

达江汉，东部更有徐、淮、奄等附属方国。"小邦周"如何真正取代"大邑商"，有效地建立新的统治秩序，这是新兴的周王朝统治者们面临的重大问题。

周武王克商后，所采取的对策是暂时保存殷商的原有统治机构，利用其已降服的上层人物来安抚当地民众。所以周武王和周公在灭殷之初，就制定了对殷人的分化瓦解政策，利用归附西周的殷人首领来统治广大殷民。既不打乱殷人原来的社会组织，又保留殷人的某些利益，让他们"宅尔邑，继尔居"①"宅尔宅，畋尔田"，或者让他们"迪简在王庭，尚尔事，有服在大僚"②，即让他们继续占有原来的土地和房屋，保留一定的社会地位。同时，又封纣王的儿子武庚为殷侯，让其仍居殷之故地，统治与管理殷民。但是，他们对武庚不放心，所以又派遣了管叔、蔡叔、霍叔等三个兄弟去监督、管理，称为"三监"。周人夺得天下之后，其政权并未很快在全国范围内得到巩固。周武王因当时"天下未集"而深感焦虑，以致夜不能寐，很快就积劳成疾，在君临天下不久就去世了。这时，武王之子成王尚未成年，难以担负统治天下的繁重任务，全国的政治、军事形势仍然令人担忧。对于长期辅弼武王的周公来说，维持摇摇晃晃的新兴政权的继续生存，就成为一项义不容辞的责任。

---

① （春秋）孔子编：《尚书·多士》，第181页。
② （春秋）孔子编：《尚书·多方》，第200页。

武王死后，周公摄政伊始，"三监"首先发难，在新王朝发起了一场规模巨大、历时较久的动乱活动。

周公摄政，"管叔及其群弟乃流言于国曰：'公将不利于孺子'。"①《左传·定公四年》说："管、蔡启商，惎间王室。"②这就是说，管叔、蔡叔等人对周公代替成王执政不满，所以制造流言，说周公篡位。管叔、蔡叔不但恶毒地离间王室，企图在中央政府造成统治集团内部之间的分裂斗争，在地方则"启商"，引诱商纣王之子武庚借机叛周。《史记·管蔡世家》说："武王既崩，成王少，周公旦专王室。管叔、蔡叔疑周公之为不利于成王。乃挟武庚以作乱。"③《史记·卫康叔世家》也说，管叔、蔡叔疑周公，"乃与武庚禄父作乱"④。可见，作乱的主谋是管、蔡二叔。其中，管叔又是最重要人物。管叔在文王正妃太姒所生之子中排行第三，周公排行第四。管叔之所以对周公不满，是因为他是周公之兄，若按"兄终弟及"的原则，继承王位的本应是他，而不是周公。因此，他联合东方的殷遗民向周公发难。

周王朝统治集团内部的分裂，在全国范围内引起了极大的震动。东夷诸小国，本来在殷商时代就没有真正统一于中

① （春秋）孔子编：《尚书·金縢》，第 134 页。

② （春秋）左丘明编：《左传》卷 11《定公四年》，第 320 页。

③ （西汉）司马迁撰：《史记》卷 35《管蔡世家第五》，第 1565 页。

④ （西汉）司马迁撰：《史记》卷 37《卫康叔世家第七》，第 1589 页。

央王朝，新兴的周王朝也未能对其进行真正有效的控制，这时他们就乘机鼓动商纣王之子武庚反周复商。史载："武王死，成王幼，周公盛养成王，使召公奭为傅。周公身居位，听天下为政，管叔、蔡叔疑周公，流言于国曰：'公将不利于王！'奄君薄姑谓禄父曰：'武王既死矣，今王尚幼矣，周公见疑矣，此百世之时也，请举事。'然后禄父及三监叛也。"奄地原是商王南庚、阳甲的都城，位于今山东曲阜。盘庚迁殷后，它仍是一个殷属的大国，因而它在策动反周的活动中格外卖力。同时，由于周王朝统治者一开始对殷遗民采取了十分宽容的措施，使得他们原有的实力保存得较好，具有复国的足够资本。在此煽动下，武庚坚定了反周的信心。

各方反周势力经过一段时期的酝酿之后，这场反周公和反周王朝相结合的战乱终于爆发了。以武庚率领的殷民为主，联合了管叔、蔡叔、霍叔以及前殷商的属国和非属国，如奄、徐、楚、淮夷、蒲姑等十几个国家，一同向西进军。其阵营可谓声势浩大，顷刻之间，整个西周王朝已塌了半边天。

这次反周同盟到底有几国参与，说法颇多。《吕氏春秋》说是"东夷八国"，①《逸周书》则说"熊、盈族十有七国"。②

---

① （战国）吕不韦编：《吕氏春秋》卷16《先识览·察微》，上海古籍出版社1989年版，第136页。

② 黄怀信、张懋镕、田旭东撰：《逸周书汇校集注》卷5《作雒解第四十八》，黄怀信修订，李学勤审定，上海古籍出版社2007年版，第518页。

不同说法差异悬殊。其说虽不一，但有一点是肯定的，即叛乱国数和人数是相当多的，并且管叔、蔡叔和商、奄是其中的主角。

在这样声势巨大的叛乱来临之际，周公面前可谓困难重重。其中最大的困难是统治集团内部的团结问题。由于叛乱的首领中有管叔和蔡叔等多名王室成员，而他们又在舆论上先声夺人，这样就使得统治集团中的许多重要人物感到是非难分，无所适从。尤其使周公感到为难的是，被封于齐的周王朝第一功臣太公望（吕尚）和担任周王室"三公"之职的辅佐之臣召公奭，这时也对周公的摄政动机产生了怀疑。据说召公还写了一篇《君奭》对周公称王之事表示不满。这就使周公一开始就处于极为被动的地位。

由于太公望和召公奭的政治地位和影响对周王朝统治的稳定具有举足轻重的作用，周公意识到要取得平乱的胜利就必须首先得到他们二人的理解和支持。于是，他对太公望和召公奭这两个关键人物做了大量的解释、说服工作。首先，周公向诸位重臣表明心迹，他之所以不避嫌疑担任辅政大责，实在是怕天下趁机叛周而辜负太王、王季、文王、武王的遗愿。现在武王早死，成王年少，此时此刻他这样做的目的完全是为了有利于周王室。他还引证了商王朝在类似情况下辅佐大臣摄政的几个成功例子。他说："汤时有伊尹，假于皇天；在太戊时，则有若伊陟、臣扈，假于上帝，巫咸治王家；在祖乙时，则有若巫贤；在武丁时，则有若甘般；率维兹有陈，保乂有殷。"① 也就是说，商代在几个危难时期，由于有伊尹、伊陟、臣扈、巫贤和甘盘等人的忠心辅佐，才得以渡过难关。借此，周公也表露了自己效法商代先贤，忠心于周王室的心志。经过耐心解释和争取，周公终于得到了在朝中地位举足轻重的太公望和召公奭等人的理解和支持，消除了他们的疑虑，保证了最高统治集团内部的团结，从而为此后大规模的平叛以及进一步分封建制奠定了基础。无论如何，作为"小邦周"的新王朝怎样在政治、军事实力上保证江山社稷的长治久安，这的确是周公在当时忧虑与必须首先解决的一个迫切问题。

3. 周初统治者的文化危机感

周是一个在文化上起步较晚的偏居西方的方国。他们早期居于戎狄之间并与这些尚处于野蛮阶段的民族同俗，到古公亶父（即太王）时期尚过着"陶复陶穴，未有家室"的原始社会生活。也就是说，这时周人还居住在窑洞里，地面建筑尚未出现。周人虽经过自己艰苦卓绝的努力推翻了殷商政权的统治，但这并不能掩盖他们在文化上的贫乏。周人自己也意识到他们对商的胜利，实际上是较野蛮的部族对相对文明的部族的征服。因此他们在灭殷商之后仍不敢以征服者自居，对殷商文化保持着不得不尊敬的这样一种微妙心态。他

---

① （西汉）司马迁撰：《史记》卷34《燕召公世家第四》，第1549页。

们继续尊称殷商为"大国殷"或"大邑商",而贬称自己为"小国"或"小邦周"。看来,这时周人一时还不适应自己从统一王朝的一个部落一跃而成为天下之唯一"共主"这个角色的变化。同时,周人已痛感自己原有的文化水平再也不能满足统治辽阔疆土的需要了。为此,他们首先需要向殷商文化学习。在《尚书·康诰》中,周公就对康王提出了"往敷求于殷先哲王,用保乂民"[1]的要求,即要求新王朝不要因殷商政权的灭亡而抛弃其先进的文化,而应学习和继承殷商好的文化传统,将之应用于治国理政。同时,商王朝的覆灭,本身也暴露出殷商文化的不足。因此,即便原封不动地继承殷商文化,也难以确保新王朝基业的永固。这就注定了周人在文化上不仅要超越自己,还要超越殷商,开创出一个全新的文化局面来。这又是周人所面临的另一重大课题。[2]

4. 周初统治者较高的政治素质使然

周王朝开国前后,西周已经聚集了一批杰出的政治家,他们在兴周灭商以及巩固周政权的斗争中起了关键的作用。这主要包括周文王、周武王、周公、姜尚、召公奭等人物。

周文王姬昌,号称西伯,为武王、周公之父。司马迁在《史记》中说他:"笃仁,敬老,慈少。礼下贤者,日中不暇食以

---

① (春秋)孔子编:《尚书》《康诰》,第146页
② 参见辜堪生、李学林著:《周公评传》,四川大学出版社2006年版,第7、8页。

待士，士以此多归之。"①周文王不仅具有仁慈宽厚的美德，而且长期保持艰苦朴素、勤俭节约等优点。屈原在《楚辞》中就赞美他"伯昌号衰，秉鞭作牧"②，即文王穿着蓑衣放牧。周公也说"文王卑服，即康功田功"③，即文王安于卑微的工作，从事过开通道路、耕种田地的劳役。周文王的治国经验与良好品德，对武王、周公等周初统治者无疑具有深刻的影响。

周武王姬发，周文王次子、周公之兄。文王在世之时，周公与姬发兄弟俩密切合作，辅佐他从事兴周大业。姬发虽不是长子，但因其贤，使文王在选择继承人问题上优先考虑了他，姬发直接越过其长兄伯邑而成为太子。文王去世后，姬发即位，继续文王未竟事业，完成了灭商兴周的大业，最终因为巩固政权而忧患太甚、劳累过度，积劳成疾，在灭商之后仅两年就去世了。在文王去世至武王去世的这段时间内，武王显然是周政治集团的核心人物。

周公更是中国历史上少有的一位大政治家。武王去世后，成王年幼，周公辅政，因此而成为周王朝各项制度的实际制定人。饱经沧桑的周公，认真汲取殷亡的历史教训，对于如何巩固新生的周王朝，他从政治观念到政治制度，均有比较

---

① （西汉）司马迁撰：《史记》卷4《周本纪第四》，第116页。

② （战国）屈原著：《楚辞》上篇《天问》，涂小马校点，辽宁教育出版社1997年版，第21页。

③ （春秋）孔子编：《尚书》《无逸》，第184页。

深入的思考与大胆的开创。周公提出了系统的政治主张和理论，他在中国古代政治思想史上有着特殊的地位，可以说是中国传统德政与礼乐治国的开山鼻祖。

在反商兴周与巩固新政权的斗争中，还有一个不容忽视的重要人物，他就是周初的政治家、军事家吕尚。他辅佐文王、武王两代，在兴周灭商大业中发挥了重要的作用。在周初大分封中，吕尚作为头号功臣被封在齐国。当时齐地处东夷杂居的复杂区域，需要一个足智多谋的人去镇守，吕尚可称担当此任的最佳人选。吕尚到齐以后，在政治上尊重当地风俗，简化礼节，提倡商业和手工业，又利用临海条件，发展渔业和盐业。附近小国的百姓看到齐国的兴旺景象，争相移居齐国，使齐国很快成为一个人口众多、幅员辽阔的东方大国。

召公奭，周文王之子、周公异母兄弟，为周初重要政治家之一。武王灭纣后，封召公于北燕。周公辅成王时，召公位为三公之一。当时，自陕以东地区，由周公主管；陕以西地区，由召公主管，由此可见当时召公的地位与周公不相上下。从关于召公的史料来看，召公似乎不长于计谋，与吕尚善兵法奇谋显然不同。但召公推行的德政，与吕尚在政治风格上正好形成了一种互补关系。这两种统治方法在当时显然各有其存在的必要性。据资料记载，召公的政治实践带有更多的平民因素，更能反映民众的呼声。他曾说："天不可信。"① 这种重视人事的政治认识也表明中国古代社会已开始逐渐从天命观中摆脱出来，更多地关注人自身的作为对于争取民心、影响历史发展进程的作用。这在一定程度上体现了中国文化在周初的确有了某些进步。

总之，周初统治者的个人素养与政治素质都很高，他们忧国忧民，具有深刻的危机意识以及对国家具有高度的责任感与历史使命感，这是西周政权在开国过程中能够重视与保持忧患意识，并将之化作勤政爱民、积极作为的一个重要文化因素。

二、忧患驱使下的积极进取

灭商后第二年，周武王去世，周成王年幼，周公摄政，东方叛乱频生，新生的周王朝的"天下共主"地位于危急存亡之秋。怎样处理好创业和守业的关系，这个严峻的问题摆在了周初统治者的面前，要求他们去解决。面对这种内外不稳的严重局势，周公义无反顾地肩负起了巩固新兴王朝统治的历史使命。

周武王死后，叛乱席卷整个东方大地。东夷诸小国，本

---

① （春秋）孔子编：《尚书》《君奭》，第188页。

来在殷商时代就没有真正统一于中央王朝，商王屡次用兵征讨，效果并不明显。西周初年，他们趁周王朝最高统治集团内部分裂，又鼓动武庚叛周复商，同时，周王朝派往东方监督武庚的管叔、蔡叔等人因对周公摄政不满而纵容武庚发难，处于摇篮中的西周王朝的统治大有夭折的危险。国难当头之际，周公力排阻力，果敢地承担了平叛的历史重任。

东征前，周公发布《大诰》，尖锐地指出了当时形势的严重性。针对当时贵族内部有人公然反对出征，散布什么"不可征"言论，周公反复说服太公望与召公奭等在周王朝中举足轻重的人物，希望他们了解文王、武王创业的艰难，在困难面前团结一心，竭尽全力支持他去完成文王、武王的未竟事业。

东征平叛，用了三年的时间，仗打得非常激烈，无论是先秦文献，还是发掘出土的铜器铭文都有对当年的实际战况的记载。

《逸周书·作雒解》记："周公立，相天子，三叔及殷、东、徐、奄及熊、盈以叛……二年，又作师旅临卫攻殷，殷大震溃。降辟三叔，王子禄父北奔，管叔经而卒，乃囚蔡叔于郭凌。凡所征熊、盈族十有七国，俘维九邑。俘殷献民，迁于九毕。"[①]

《孟子·滕文公下》记："周公相武王诛纣，伐奄三年讨

---

① 黄怀信、张懋镕、田旭东撰：《逸周书汇校集注》卷5《作雒解》，第514—518页。

其君，驱飞廉于海隅而戮之。灭国者五十。"①几乎描述了周公东征的全部过程。

《诗经·豳风·破斧》云："既破我斧，又缺我斨。周公东征，四国是皇。哀我人斯，亦孔之将。"②四国指殷、东、徐、奄，皇即为慌，诗中所言：周公东征，战斗进行得非常激烈，周军兵锋所指，打得东夷四国十分仓皇。平叛结果，王子禄父北奔，不知下落，杀管叔，流放蔡叔，贬职霍叔，"灭国者五十"，商王朝时不服中央王朝管制的东夷诸邦直到这时才全部最终真正纳入了周王朝的版图之中。

周公东征意义甚大。

第一，周公东征，挽救了濒于颠覆的新生王朝，避免了历史再回到殷末那种"如蜩如螗，如沸如羹"③的纷纷扰扰的氏族部落林立的"万邦"社会中去。由于"周公兼夷狄、驱猛兽而百姓宁"④，使周初社会获得了初步的安定和平发展环境。史载，"成、康之际，天下安宁，刑措四十余年不用"。⑤

第二，通过周公东征，扩大了周王朝的统治疆域，东达海隅，南及徐淮，皆是王土，这为后来的大分封创造了条件。

---

① （战国）孟轲著：《孟子》《滕文公章句下》第 109 页。
② （春秋）孔子编：《诗经》《豳风·破斧》，第 131 页。
③ （春秋）孔子编：《诗经》《大雅·荡》，第 234 页。
④ （战国）孟轲著：《孟子》《滕文公章句下》，第 112 页。
⑤ 范祥雍补订：《古本竹书纪年辑校补订》《周纪》，上海古籍出版社 2018 年版，第 29 页。

可以说，没有周公东征，很可能就不会有系统的封邦建国制度，就没有后来华夏族与东夷族的融合与发展。

第三，通过周公东征，向东方或东南方传播了先进文化，中原地区先进的文化和农业技术，在东方得到广泛传播，各地区的经济与文化得到进一步的联系与发展。东方殷盛的齐鲁文化就是在周公东征胜利的基础上开始孕育起来的。

第四，周公东征，是对殷商王朝残余势力的全面清算，周公东征的胜利，标志着殷商王朝彻底地退出了中国历史的舞台，真正改变了殷商王朝原来的统治格局与统治秩序，达到了扩大和巩固周王朝的统治的目的，这为周王朝政治文明的全面开创奠定了坚实的基础。

实际上，周人之所以能够打败殷人，除了通过自身不懈的努力外，实有种种偶然的因素。殷人虽然因朝歌一役战败，然而积威日久，力量尚存。而且殷遗民人数众多，势力依然雄厚。所以周人代殷之初，在心理上对于能否成功地统治天下并无充分的自信与把握。只是到了周公东征胜利以后，随着周人统治的进一步稳固和巩固，这种自信心才随之增强起来。

当初，周武王虽然在牧野打败了商纣王的军队，灭亡了殷商王朝，但牧野一战并没有办法彻底消灭人数众多的商族遗民与支持商王朝的众多方国力量。以少数军队征服远离王都丰、镐的广大殷人统治地区的周武王，曾就如何控制这些新征服地区，与太公望姜尚、召公、周公等大臣进行了一番策划。

武王首先召见了姜尚。据说他向这位习惯于疆场上戎马倥偬生活的军事统帅询问道："现在虽然灭了商朝，但我们怎样处理商族的老百姓呢？"姜尚认为这个问题很简单，他不假思索地说："有一句古话叫作'爱屋及乌'。您如果喜欢一个人，就会连这个人屋子上的乌鸦都觉得顺眼。如果您憎恨一个人，一定对他一家老少都看不惯。依我看，既然罪恶深重的商纣王已经死了，对他治下的老百姓也不必客气，干脆来个快刀斩乱麻，全部杀掉算了。"武王摇了摇头，说："这样恐怕不行吧？"

接着，武王又询问了召公。召公倒不像太公望那样主张大开杀戒，而是建议说："依我看，把那些曾经跟着商纣王反对过我们的人杀掉，只把那些没有表示过反对我们的人留下来！"召公的办法比太公望缓和得多了，但武王听了还是不敢贸然同意。接着，他又就此问题咨询了周公。

周公深知人数不多的周族要想稳固地统治具有六百多年历史的根深叶茂的殷族，就必须充分利用殷人内部原来的矛盾，实行分化瓦解的手段，把商族与周族的民族矛盾转化为殷族内部的斗争。因此，他向武王建议说："依我看，还是让他们各自住在原来的地方，耕种原来的土地，也不必改变他们原来的地位。只要是这些人服从我们的统治，就可以对他们一视同仁。"周武王十分认可周公的建议，高兴地说："用你提出的办法治理殷人，又何愁他们不顺从我们，从而实现天下大治呢！"于是，武王采纳周公的建议，让纣王的儿子武庚继续管理殷商王朝的遗民。同时，把管叔封在现在郑州一带的管，蔡叔封在殷墟以南的上蔡一带，霍叔封在殷墟以北的现在山西霍县一带，让他们在暗中监视武庚，这就是历史上有名的"三监"。

除此以外，周武王还采取了一系列争取商族民心的措施。

其一，给那些商王朝很有威望的大臣平反昭雪，以争取他们与周政权合作。释箕子，吊比干，抚商容。

其二，争取商族下层民众的支持。他命令南宫括将纣王藏在鹿台的财富都散发给民众，又把巨桥仓库的粮食分给那些没吃没喝的人。这些措施，使被征服的商族与作为征服者的周族之间的尖锐矛盾一度得到了一定程度的缓和。

其三，大力争取居住在新征服地区的古老部族。原来殷商王朝的土地上，除了生活着商族以外，还分布着神农氏之后、黄帝之后、帝尧之后、帝舜之后、大禹之后等古老部族。这些部族原来在商控制之下，与殷商王朝存在着矛盾。周武王为了取得这些部族的支持，封神农氏之后于焦（今河南陕县）、黄帝之后于祝、帝尧之后于蓟（今北京一带）、帝舜之后于陈（河南淮阳）、大禹之后于杞（河南杞县）。

第三章　历史反思与总结
——史鉴意识与周初国家治理

　　周初统治者的个人素养与政治素质都很高，他们忧国忧民，具有深刻的危机意识以及对国家具有高度的责任感与历史使命感，在西周政权的建设过程中，他们能够以史为鉴，重视总结前代历史经验，并将之化作勤政爱民、积极作为的一个重要文化因素。历史意识的升华和对历史经验教训的批判总结，使周人逐步摆脱了殷人那种完全用神权来维护政权的思想观念。周初以周公为代表的统治集团能够以历史理性来认识政治、社会和人生的种种问题，否定"君权神授"，提出"君权天授"并进而提出了"敬德保民"等全新而重要的政治思想主张，推动了一场华夏古国前所未有的伟大的思想解放运动。周初统治者的史鉴意识主要表现在敬畏、勤政、务农、无逸、效法先王、警戒、重人、秉德明恤、用康保民、明德恤祀、不腆于酒、天不可信、惟命不于常、当于民监等诸多方面，它关注的焦点是周初的政治命运问题。

一、周初统治者的史鉴意识

周武王灭商后，周初统治者并没有沉浸在盲目的欢乐之中，相反他们倒是将这种胜利的喜悦深深埋藏在内心深处，在治理国家方面却表现出了浓郁的忧患和十二分的谨慎。作为亲身领导这场革命的周武王如此，周公更是这样一位政治头脑极为清醒的人物。武王灭商之后，曾夜不能寐。周公非常为之担心，恐怕武王因忧劳过度而影响身体。武王告诉了周公他之所以"具明不寝"的原因是："呜呼！于忧兹难，近饱于恤，辰是不室。我来所定天保，何寝能欲？"[1] 原来武王忧虑的还是周人灭殷之后如何更好地对殷人进行统治，他所实施的战略步骤之一就是在东方建立新的统治中心作为根据地，以便对广大新疆域进行有效的治理。周武王去世后，周成王年幼，完成文王、武王遗命的历史重担落在了以周公为首的周初统治集团的肩上。

周初统治者推翻商纣王的政权以后，面临着巩固政权、重新制定新的政策和方针的历史任务。显然，从这场亲身经历的克商革命中，周公等一些比较清醒的政治家看到了民众身上所蕴藏的巨大的力量。水能载舟亦能覆舟。周初统治者，

---

[1] 黄怀信、张懋镕、田旭东撰：《逸周书汇校集注》卷5《度邑解第四十四》，第 471 页。

从夏商周兴替的历史中吸取了重要的经验和教训，作为他们治国理政的历史依据。

周人对历史经验的总结、回顾，大概从文王时代就已经开始。《诗经·大雅·荡》篇引文王所说的"殷鉴不远，在夏后之世"①，为文王叹惜殷纣王不借鉴也不重视夏后氏被商汤灭亡的教训。朱熹《诗集传》说："殷鉴在夏，盖为文王叹纣之辞。然周鉴之在殷，亦可知矣。"②文王一方面为殷纣王而叹惜，而另一方面则以此作为可供周人借鉴的历史教训。殷商灭亡之后，周武王、周公以及其他一些有为的周王和辅政大臣更是常常总结夏殷两代人的经验教训。这可以分为两个方面：一种是对夏殷两代成功的统治经验的总结以供学习、效法；另一种是对夏、殷两代的罪过、错误和失败教训的总结以供戒备和警惕。③

周初统治者对夏、殷的历史进行了全面的总结，既有正面的经验，也有反面的教训。

1. 夏、殷亡国之鉴

很多先秦文献都记载了夏、殷末代暴君的罪行。

周武王在《尚书·牧誓》中是这样总结商纣王亡国原因的：

---

① （春秋）孔子编：《诗经》《大雅·荡》，第 234 页。

② （宋）朱熹撰：《诗集传》卷 18《荡之什·荡》，中华书局 2017 年版，第 311 页。

③ 参见王晖著：《商周文化比较研究》，人民出版社 2000 年版，第 183 页。

王曰："古人有言曰：'牝鸡无晨，牝鸡之晨，惟家之索。'今商王受惟妇言是用，昏弃厥肆祀弗答，昏弃厥遗王父母弟不迪，乃惟四方之多罪逋逃，是崇是长，是信是使，是以为大夫卿士。俾暴虐于百姓，以奸宄于商邑。今予发惟恭行天之罚。"①

《史记·周本纪》亦有"尹佚策祝曰：'殷之末孙季纣，殄废先王明德，侮蔑神祇不祀，昏暴商邑百姓，其章显闻于天皇上帝'"②的记载。

关于夏、殷兴亡的史鉴，周公更是重视并多有总结。

第一，从用人失当角度总结前朝的灭亡教训。

在《尚书·立政》中，周公对夏桀失德与夏朝亡国教训进行了总结。周公说：

桀德，惟乃弗作往任，是惟暴德，罔后。③

周公说："夏桀即位后，他不用以往任用官员的法则，任用老成有经验的人为官，而是用些暴虐的人，终于绝后。

第二，从违逆天命的角度总结夏王朝失败的原因。

在《尚书·多方》中，周公是这样看待夏王朝灭亡原因的。他说：

① （春秋）孔子编：《尚书》《牧誓》，第114页。
② （西汉）司马迁撰：《史记》卷4《周本纪第四》，第126页
③ （春秋）孔子编：《尚书》《立政》，第204页

有夏诞厥逸，不肯感言于民，乃大淫昏，不克终日劝于帝之迪。乃尔攸闻。厥图帝之命，不克开于民之丽，乃大降罚，崇乱有夏。因甲于内乱，不克灵承于旅。罔丕惟进之恭，洪舒于民。亦惟有夏之民叨懫日钦，劓割夏邑，天惟时求民主，乃大降显休命于成汤，刑殄有夏。[①]

周公说："夏桀偏重天命，不常重视祭祀，于是，上帝对夏国降下了严令。夏桀仍大肆逸乐，不肯慰勉人民，竟然大行淫乱，不能用一天努力遵行上帝的教导，这些是你们都知道的。夏桀夸大天命，不明白使老百姓归附的道理。大事杀戮，大乱夏国。夏桀习于妇人治理政事，不能很好地顺从民众，无不是要老百姓进献财物，深深地毒害了民众。也由于夏民贪婪、忿戾的风气一天天盛行，残害夏国。上天于是寻求可以做人民君主的人，降天命给成汤，命令成汤消灭夏国。"

第三，从民众支持与否的角度总结了夏商亡国的历史教训。

在《尚书·多方》中，周公也从施政为民的角度总结了夏商亡国的历史教训。

周公说：

诰告尔多方，非天庸释有夏，非天庸释有殷。乃惟尔辟以尔多方大淫，图天之命屑有辞。乃惟有夏图厥政，不集于

---

① （春秋）孔子编：《尚书》《多方》，第 197—198 页。

享，天降时丧，有邦间之。乃惟尔商后王逸厥逸，图厥政不
蠲烝，天惟降时丧。①

周公这样说："告诉你们各位邦君，并不是上天要舍弃
夏，也不是上天要舍弃殷。只是你们夏、殷的君王和你们各
国诸侯大肆淫佚，图度天命，奢侈而安逸，并且还怀疑天命。
因为夏桀考虑政事，不是为了保护民众、勉励民众，于是上
天亡夏，成汤代替了夏桀。因为商的后王过度享乐，为政贪
图享乐，不考虑民众的利益，是上天降下这亡国大祸。"

第四，从荒淫施政角度总结夏商亡国的原因。

在《尚书·酒诰》中，也有周公对殷商王朝兴亡原因的
总结。周公说：

> 王曰："封，我西土棐徂邦君御事小子，尚克用文王教，
> 不腆于酒，故我至于今，克受殷之命。"
> 王曰："封，我闻惟曰：'在昔殷先哲王迪畏天显小民，
> 经德秉哲。自成汤咸至于帝乙，成王畏相惟御事，厥棐有
> 恭，不敢自暇自逸，矧曰其敢崇饮？越在外服，侯甸男卫邦
> 伯；越在内服，百僚庶尹惟亚惟服、宗工越百姓里居，罔敢
> 湎于酒。不惟不敢，亦不暇，惟助成王德显越，尹人祗辟。
> 我闻亦惟曰：在今后嗣王，酗，身厥命，罔显于民祗，
> 保越怨不易。诞惟厥纵，淫泆于非彝，用燕丧威仪，民罔

---

① （春秋）孔子编：《尚书》《多方》，第200页。

不盡伤心。惟荒腆于酒，不惟自息乃逸。厥心疾很，不克
畏死。辜在商邑，越殷国灭，无罹。弗惟德馨香祀，登闻于
天，诞惟民怨，庶群自酒，腥闻在上。故天降丧于殷，罔爱
于殷，惟逸。天非虐，惟民自速辜。①

周公说："封，我周国诸侯和官员能够遵从文王的教导，
不多饮酒，所以我们周国能够接受上帝赐给的大命。"

周公说："封啊，我听到有人说：'过去，殷代圣明的先
王上畏天命，下畏百姓，施行德致，保持恭敬。从成汤延续
到帝乙，明君贤相都只是考虑着治理国事，他们的辅佐非常
恭敬，不敢使自己安闲逸乐，何况敢聚众饮酒呢？在外地的
侯、甸、男、卫等的诸侯们，在朝中的各级官员、宗室贵族
以及退职后住在家里的官员们，没有人敢沉溺在酒中。不但
不敢，他们也没有闲暇，他们只考虑辅助君王的美德显扬，
帮助百官重视法令。

"我听到也有人说：'在近世的商纣王，好酒纵乐，以
为有命在天，不明白臣民所重视的事，安于百姓的怨恨，不
思改悔。他淫乱无度，贪图安乐，不遵守法律，由于宴饮无
度，丧失了君王的威仪，臣民没有不悲痛伤心的。商纣王只
考虑纵酒取乐，不考虑改正他的过失。他心地狠恶，不肯怕
死。他在商都作恶，对于殷商的灭亡，不加考虑。没有清明

---

① （春秋）孔子编：《尚书》《酒诰》，第155—156页。

的德政和芳香的祭祀让上帝知道，只有老百姓的怨气，只有群臣私自饮酒的腥气，被上帝知道。所以，上帝在殷邦降下了灾祸，不喜欢殷国，是因为商纣王贪图享乐。上帝并不暴虐，只是殷商的臣民自己招来罪罚。'"

2. 夏、殷施政经验之鉴

周公不仅总结了夏殷两代失败的历史教训，而且还总结了夏殷先王成功的历史经验，并对这些经验予以高度的赞扬和汲取。

第一，明德慎罚。

《尚书·多方》说：

> 乃惟成汤克以尔多方简，代夏作民主。慎厥丽，乃劝；厥民刑，用劝；以至于帝乙，罔不明德慎罚，亦克用劝；要囚殄戮多罪，亦克用劝；开释无辜，亦克用劝。今至于尔辟，弗克以尔多方享天之命，呜呼！①

周公发布对殷遗民的号令说：

"成汤由于你们各国邦君的选择拥戴，代替夏桀做了君王。他谨慎地施政，是勉励人；他惩罚罪人，也是勉励人；从成汤到帝乙，没有人不明德慎罚，也能够用来勉励人；他们监禁罪犯，杀死重大罪犯，也能够用来勉励人；他们赦免

---

① （春秋）孔子编：《尚书》《多方》，第198页。

无罪的人，也能够用来勉励人。现在到了你们的君王殷纣王，因为淫佚失政而亡国，实在是可悲可叹呀！

第二，用保乂民。

周公在《尚书·康诰》中反复要求康叔"往敷求于殷先哲王用保乂民"，"别求闻由古先哲王用康保民"，"我时其惟殷先哲王德，用康乂民作求"。①

第三，用心施政。

在《尚书·酒诰》中，周公指出，从成汤到帝乙时的"殷先哲王"和帝辛纣王时"庶群自酒，腥闻在上""淫泆于非彝，用燕丧威仪"等现象完全相反："在昔殷先哲王迪畏天显小民，经德秉哲。自成汤咸至于帝乙，成王畏相……不敢自暇自逸，矧曰其敢崇饮？越在外服，侯甸男卫邦伯；越在内服，百僚庶尹惟亚惟服、宗工越百姓里居，罔敢湎于酒。不惟不敢，亦不暇，惟助成王德显越，尹人祗辟。"②

第四，节制淫佚。

在《尚书·无逸》中，周公从历史的经验教训中得出君王之子不能只图安逸，而应"先知稼穑之艰难，乃逸，则知小人之依"的观点。和祖甲之后因立储君而"生则逸，不知稼穑之艰难"的情况相反，"昔在殷王中宗，严恭寅畏，天命自度，治民祗惧，不敢荒宁……其在高宗，时旧劳于外，爰暨小

---

① （春秋）孔子编：《尚书》《康诰》，第146、151页。
② （春秋）孔子编：《尚书》《康诰》，第155、156页。

用告和、用胥饮食。肆商先哲王维厥故，斯用显我西土。"①

周公曾反复提到文王的业绩，例如：

在《尚书·康诰》中，周公告诉康叔"惟乃丕显考文王，克明德慎罚；不敢侮鳏寡，庸庸，祗祗，威威，显民，用肇造我区夏，越我一、二邦以修我西土。惟时怙冒，闻于上帝，帝休，天乃大命文王。殪戎殷，诞受厥命越厥邦厥民，惟时叙，乃寡兄勖。肆汝小子封在兹东土。"②周公说："康叔，我的弟弟，我们伟大英明的父亲文王，能够崇尚德教，慎用刑罚；不敢欺侮无依无靠的人，善于任用那些可以任用的人，尊重那些可以尊重的人，畏惧应当畏惧的事，尊宠人民，因而在中夏开创了我们的生存区域，和我们的几个友邦共同治理我们西方。文王这样努力，被上帝知道了，上帝非常高兴，就降大命给文王。灭亡大邑商，接受上帝的大命和殷国殷民，继承文王的基业，是武王努力所致，因此，才会有你被分封到这东土的机会。"

在《尚书·无逸》中，周公回忆文王的往事，以此告诫成王不可因为安逸享乐而荒废政事。周公说："厥亦惟我周太王、王季，克自抑畏。文王卑服，即康功田功。徽柔懿恭，怀保小民，惠鲜鳏寡。自朝至于日中，昃，弗遑暇食，用咸

---

① 黄怀信、张懋镕、田旭东撰：《逸周书汇校集注》卷5《商誓解第五》，第452—454页。

② （春秋）孔子编：《尚书》《康诰》，第145页。

和万民。文王弗敢盘于游田，以庶邦惟正之供。"在这里，周公把文王和殷先王中宗、高宗及祖甲放在一起，给我们描绘出一个宽宏大量的有道哲王形象："自殷王中宗及高宗及祖甲及我周文王，兹四人迪哲。厥或告之曰：'小人怨汝詈汝。'则皇自敬德。厥愆，曰：'朕之愆允若时。'，不啻不敢含怒。"也就是这四位哲王不仅对埋怨自己、詈骂自己的小人不生气发怒，而且时刻警戒自己的品德，也勇于承认自己的错误。正是他们有这样的宽宏大量，他们在人们的心目中才有极高的地位。和那种一听到说"小人怨汝詈汝"（即使这是小人的造谣，却信之不疑）且不宽大为怀并"乱罚无罪，杀无辜"的昏王形成了鲜明的对比。而人们的怨恨也就自然而然地集中到这些昏王身上了。周公语重心长地告诫后来继位的周成王要以此失鉴："呜呼，嗣王！其监于兹！"①

在《尚书·酒诰》中，周公也叙述周文王时期禁止人们酗酒："文王诰教小子有正有事：无彝酒。"周公认为，正是由于文王的教令，周人才取得了殷人的天下，"我西土棐徂邦君御事小子，尚克用文王教，不腆于酒，故我至于今，克受殷之命"。②这些都是周人之所以成功的宝贵经验。

在周人历史上，太王是指古公亶父，王季是指季历。从太王言至文王，历叙了周先王谦虚敬畏、重视农业、谨慎从治

---

①　（春秋）孔子编：《尚书》《无逸》，第 186 页。

②　（春秋）孔子编：《尚书》《酒诰》，第 153、155 页。

的美好传统和历史事实。无疑，在周公例述的诸多先王中，提到最多的和最为钦佩的还是周文王。这一方面固然因为文王是其尊敬的父亲，另外还有因为周文王实实在在地对周民族发展所作出的卓越贡献和具有的治理国家的美好德行。

周民族发展到文王时受到了上帝的眷顾，接受了天命，这一点是所有周人的共识。因此，周公在借鉴历史经验时，每每言及文王，这不仅在于文王德行确实受到民众的敬仰，更在于周公对文王事迹历历在目，能现身说法教育周人和殷民。应该说，文王是周公打出的一面对周人内部进行有效统治和增强本族凝聚力的重要旗帜。

在对"旧邦新命"认识与总结的基础上，以周公为代表的周初统治者根据客观现实需要，积极汲取夏商二代兴亡的历史经验教训，积极继承与发展周先人的历史文化使命，在此基础上形成了为巩固与发展周王朝实际统治需要的史鉴思想与以史资治意识。

周公的史鉴思想与以史资治意识主要表现为敬畏、勤政、务农、无逸、效法先王、警戒、重人、秉德明恤、用康保民、明德恤祀、不腆于酒、天不可信、惟命不于常、当于民监等诸多方面，它关注的焦点是周初的政治命运问题。这个特点是由武王、周公等人所处的历史时代所决定的。周之代殷是小邦周对大邑商的胜利，虽然牧野一战，商纣自焚，殷商全国处于群龙无首的政治真空状态。但对于周人来说，商朝的灭亡仅是他们胜利的第一步，这时仍然"天下未集"，他们当前面临的政治局势更为复杂艰难，未来政治前途亦属未卜。而当前最重要的任务莫过于取得胜利后，对周人以及广大殷民的精神进行安抚，以使他们逐渐接受周已代殷的事实。正好时代诞生了武王、周公这样能够重视历史经验的伟大人物。武王、周公等人不仅以天命理论来解释周人政权取得的合法性，而且诉求于历史上先王和事迹来寻找政权得以长治久安的依据和总结王朝兴亡的原因，以达到巩固周政权并有效地建立周王朝统治秩序的目的。这一切都是历史赋予周初统治者的特殊的历史使命，离开了殷周之际社会变革的时代背景就无从说明周初统治者各种政策与治理国家方针产生的缘由。①

一句话，归根结底，周公对历史的借鉴是为更好地治理国家服务的。

一方面，周公的史鉴是对现实的注解，既往的历史变成了现实的借鉴和周初统治者施政的依据。"周虽小邦，其命维新。"对于大政治家周公来说，除了总结个人的政治实践并在以往的历史长河中寻觅成功的治国之道外，他还能有什么更好的路径可以选择呢？

另一方面，周公以史鉴今、鉴未来的思想意识，也是一种人类理性精神的展现，是大政治家周公政治智慧的标志。

---

① 参见吕庙军著：《周公研究》，人民出版社2012年版，第158页。

它主要表现在以夏、商王朝的历史兴亡为鉴，以周族先王历史上的艰难创业和美好德政为鉴，在立足现实的基础上沟通了历史与现实，利用历史为现实服务并最终实现了历史与现实、文化与政治的有机的统一。夏鉴、殷鉴、周先王之鉴，还有现实之鉴即水鉴、民鉴、人鉴，等等，这对于夏、商、周三代相互承续的文明延续与发展具有十分重要的意义，周公的史鉴意识与以史资政的治国理念深刻影响了此后的中国历史。①

① 参见吕庙军著：《周公研究》人民出版社 2012 年版，第 168 页。

第四章　建业与守业

——家国同构中的封邦建国

周王朝是以一个西土"小邦周"灭亡了具有四百余年历史文明积淀的"大邑商"后建立起来的。周人虽然夺取了殷商政权，但前途仍然困难重重。在如何巩固新兴王朝的统治问题上，周初统治者大伤脑筋。殷商政权推翻不久，周武王就因为积劳成疾而去世，成王年幼，最高统治集团内部矛盾重重，纣王之子武庚又联合"三监"发动叛乱。幸亏周公经过多年的征讨，不但平息了武庚和"三监"的背叛，而且还征服了东方商奄、蒲姑、淮夷、徐戎及熊、盈之族等从未真正服从过中央王朝统治的方国力量。周人的势力，这时才真正地达到东方地区。但是，随着领土扩大，怎样才能把被征服的各邦国安定下来，也就是说如何统治他们？是继续沿用殷商政权的邦国联合体的老路，还是趁战胜之威拨乱反正，建立一种长治久安的天下一体新制度，形成新的中央与地方关系？在这决定周王朝命运以及此后中华文明发展方向的关键时刻，周公以他大政治家的格局与眼光，高瞻远瞩，大胆创新，做前人所未做，推行封建制度，实行家国同构，大规模分封诸侯，对新征服的各族，采用安抚与镇压相结合的政策，等等，从而从根本上解决了夏商遗留下来的松散方国联盟的国家体制问题，真正将中国政治文明带入了一个全新的发展时代。

一、殷亡前后的政治格局

夏代初期，前国家时代部落氏族联合体的政治秩序与传统，在部落联合体最高首领的更替上，仍然在顽固地发挥着作用。夏代的族邦国家均以"氏"相称，如有扈氏、有仍氏、斟寻氏、有穷氏，等等，夏王朝自己也称"有夏氏"或"夏后氏"。《孟子·滕文公上》说："夏后氏五十而贡，殷人七十而助，周人百亩而彻。[1]以夏、商、周三代制度相比较，而独称夏为"氏"。这说明，夏代虽然已有领土意识，但血缘因素还居于国家政治上的优先地位。与同属于早期国家时代、同样具有血缘与地缘相结合特征的商王朝相比，商之邦国皆称"方"，而称"氏"者则属于方国之内的宗族或家族组织。这说明由夏代发展到商代，地缘因素已超越血缘因素而居于国家政治的

---

[1]　（战国）孟轲著：《孟子》《滕文公章句上》，第83页。

最优先的位置。这恰恰从反面衬托出夏代国家形态的原始性。

事实上，后世称夏代为王朝，实则有夏氏不过是当时"天下万邦"中最强大的一个族邦而已，它与其他众多族邦的关系往往视彼此间实际力量对比的变化而变化。夏后氏自身强大且善待众邦时，众邦便来依附与供奉，这就是史书所说的"诸侯咸朝"；夏后氏力量衰弱且与众邦关系恶劣，或另有新的力量强大且善于笼络众邦的族邦兴起时，众邦便纷纷与之脱离关系。这就是史书所说的"夏后氏德衰，诸侯畔之"[①]。先前依附夏后氏后来又"惧而迁去"的御龙氏，与夏邦的关系即是如此。夏后氏作为众邦之首，自然要求其他众邦对它表示服从，众邦对夏也要承担诸如交纳一定的贡物等义务。但是，这种要求主要是以夏后氏自身实力的强大为后盾的，不见得以血缘、宗法乃至政治制度等作为约束的条件。

从国家形态来看，商代应属于典型的早期国家时代。一方面，商代的国家机器已十分完备；另一方面，商代又仍是以部族的血缘组织作为国家的基础的，而依地域组织划分居民的地缘国家形态尚未出现或仅仅处于萌芽状态的时代。

在商代，方国林立，所谓方国，就是这种以部族血缘组织为基础的早期国家。

不过，与夏代相比，商代国家的地域意识和领土意识无疑已较前朝大大有所加强与提高，不但其方国不再称"某某

---

① （西汉）司马迁撰：《史记》卷2《夏本纪第二》，第86页。

氏"而改称"某方"，而且依据《尚书》等文献的记载，似已出现乡里之类地域组织的萌芽。同时，在考古发掘的材料中也显示，在有的地方，不是由某个单一的血亲部族的成员，而是由不同部族的成员构成同一"邑"的居民点中的居民的现象已经出现。这表明，经过夏代几百年的发展，地缘因素在社会组织中的比重逐渐加重，国家形态进一步向成熟迈进。

然而，就总体而言，殷商时代显然仍然处于以血缘部族聚居的方国为基础、远未达到纯依地域组织划分居民的国家时代，这已经被大量的先秦文献和考古发掘材料所证明。直到西周初年，"殷民七族""殷民六族"等血缘组织仍然是周王分封诸侯时分赐殷遗民的基础单位，这些殷遗民无疑是依族聚居的，否则周人就不可能以族为单位将他们分赐诸侯，说明血缘社会这种情况直到商代末年也没有发生根本的改变。

殷人的方国在当时是最为强大的，自称"大邑商""大邦殷"，与它同时并立的还有众多的人小方国，著名的有羌方、舌方、人方、鬼方、虎方等。这些方国包括"大邑商"自己在内，于各自直接控制的辖土之内，均采取血缘聚居的方式。我们从甲骨卜辞材料的记载来看，"大邦殷"虽然征服过许许多多的方国，但并没有把这些异姓方国融化为自己邦族的一部分，而仅仅是迫使他们处于附属、服从的地位而已。因此，所谓的商王朝，实际上不过是以"大邑商"为领袖的、由众多方国组成的一个方国联合体，不但与秦汉以后的大一统王朝有着天壤之别，也与家国同构、"宗统与君统合一"的周代迥然有别。周代的诸侯称呼周王为"天王""天子"，而决不会称"大邦周"，自己也决不敢称"小邦齐""小邦晋""小邦鲁"，这恰恰体现了殷周国家体制上的根本差异。简言之，周代的人们已经有了"天下一体"的意识，诗人所吟唱的"溥天之下，莫非王土；率土之滨，莫非王臣"[①]之所以产生于周代而非殷代，原因即在于此。在殷代，即使在"小邦周"与"大邦殷"之间关系最密切的时候，二者也并非一个政治实体。殷王朝直接控制的地方被殷人称为"四土"，其地域并不广大。战国时吴起的说法是："殷纣之国，左孟门，右太行，常山在其北，大河经其南。"[②]即今天黄河中下游的冀南、豫中一带。其他的邦族方国，特别是那些重要的邦族方国，大多是基本独立、原来就有的，而不像周初的齐、鲁、卫、晋、宋、燕等诸侯国那样，是在周王分封之后才出现的。它们和"大邦殷"之间的关系，与部落联盟时代氏族部落之间的"递等"关系一脉相承，可视为一种首领邦国和从属邦国之间的关系，在政治上实际上只是一个松散的联盟组织。所以，尽管"大邦殷"在整个有商一代始终是实力最为强大的一个方国，但其他方国对"大邦殷"并不是一贯俯首帖耳，奉命唯谨，而是根据殷人和他们自己实际力量对比的消长而变化，或叛或附，或敌或友。例如，商王雍己在位的时候，朝政混乱，"殷道衰，诸

---

① （春秋）孔子编：《诗经》《小雅·北山》，第 182 页。
② （西汉）司马迁撰：《史记》卷 65《孙子吴起列传》，第 2166—2167 页。

侯或不至"，其他的方国就不再来朝表示服从。雍己死后，其弟太戊即位，修德理政，"殷道复兴"，于是其他方国又纷纷"归之"①，表示恭顺。这种时即时离的关系，一直持续到殷亡。因此，倘若用后代大一统王朝实行的那种中央集权统治的标准来衡量，商代的王权实在是十分有限的。②

由此可见，在商代，众多诸侯国对于"大邑商""大邦殷"而言，亦是一个相对松散的政治合作实体，它们拥有自己的领土，有独立的经济、军队和自己的政权组织，具有很大的独立性。它们对商王朝的归附要视"大邦殷"的施政得失而定。商王施政不当，它们则独立而不向中央王朝履行职贡。所以在商朝历史上出现了几次"殷道衰"而诸侯"莫朝"或"不至"的局面。诸侯的向背，是殷商中央王朝强弱的标志。中央王朝的强弱，又是与王朝最高统治者商王的施政得失密切相关的。所以，在商代，诸侯的向背，在一定程度上，对中央王朝的施政，亦即王权的作用，有着十分重要的影响。商王若滥用王权、暴虐，不仅诸侯不从，甚至还有亡国灭邦的危险。③

历史表明，从武丁死后，"大邦殷"的鼎盛时期就已经过去了，国势逐渐衰落。武乙死后，其子文丁即位。此时西方

---

① （西汉）司马迁撰：《史记》卷 3《殷本纪第三》，第 100、102 页。

② 参见齐涛主编，王和著：《中国政治通史——从邦国到帝国的先秦政治》，泰山出版社 2003 年版，第 161—163 页。

③ 参见白钢主编，王宇信、杨升南著：《中国政治制度通史》第 2 卷，人民出版社 1996 年版，第 287 页。

的小邦周已经开始崛起。文丁寻找借口，杀死了小邦周的首领季历，说明这时殷人已经深深感觉到来自周族的威胁。但殷人却无法遏制周族的发展与壮大。到武乙的孙子帝乙继承王位的时候，"殷益衰"，诸侯的反叛形势更加明显。当最后一代殷王帝辛刚刚登上王位的时候，昔日无比强大的殷王朝已经是败象渐呈、岌岌可危了。

在中国历史上，商纣王是与夏桀齐名的著名昏君的代表，俗称"桀纣"。按照《史记·殷本纪》中记载，帝乙的长子名启，由于其母地位微贱，故而不得继承王位。纣为帝乙的幼子，母亲为帝乙正妃，他因此在帝乙死后即位为王，称帝纣。据说帝纣天资聪颖但却胡作非为。司马迁对他的描述是："帝纣资辨捷疾，闻见甚敏；材力过人，手格猛兽；知足以距谏，言足以饰非；矜人臣以能，高天下以声，以为皆出己之下。好酒淫乐，嬖于妇人。爱妲己，妲己之言是从。于是使师涓作新淫声，北里之舞，靡靡之乐。厚赋税以实鹿台之钱，而盈钜桥之粟。益收狗马奇物，充仞宫室。益广沙丘苑台，多取野兽蜚鸟置其中。慢于鬼神。大聚乐戏于沙丘，以酒为池，悬肉为林，使男女裸相逐其间，为长夜之饮。"[1]

在司马迁看来，"帝纣资辨捷疾，闻见甚敏，材力过人，手格猛兽"，说明这位末代商王显然是一位文武双全、才能出众的君主。从这一意义来说，帝纣是个颇具"雄主"色彩的人

---

[1] （西汉）司马迁撰：《史记》卷3《殷本纪第三》，第105页。

物。这样一位君主，又适逢王权上升的时代，故而养成他刚愎自用、格外自信的性格，所以，他在一定程度上的胡作非为也就不可避免。但是，像这样的状况如果处于承平时代，或许还可以文过饰非，不幸的是，殷纣所处的时代却是"大邑商"江河日下的时代。随着土地的开发和人口的生聚，一些原本依附和服从于"大邑商"、处于荒凉僻远之地的方国经过数百年的发展壮大，已经日趋强盛，开始觊觎和试图挑战"大邑商"的众邦之首的统治地位。北方的宿敌土方、舌方、羌方等又不断对商王朝进行侵犯，东南方的人方及后起的强邦盂方等也时常与商王朝发生冲突和战争。在这种强敌环伺的险恶情况之下，纯以武力为依托、以"大邑商"为众邦之首的邦国联合体的固有弱点便愈发充分地暴露了出来。

前面说过，"大邑商"驾驭诸侯、统率众邦的基础仅仅是凭仗自身的强大武力与德政，除此之外并无其他更强固、更坚韧、更长远的维系纽带。史载，从帝甲丌始，随着"大邑商"武力的逐渐衰落，商王朝经历了"复衰""益衰""诸侯有叛""诸侯益疏"这样一个江河日下的过程。

当"大邑商"正处于统治危机日益严重的时候，作为商王朝邦国联合体一员的"小周邦"却在不断地发展壮大，其首领"西伯"姬昌通过积极地"阴修德行善"，从而使"诸侯多叛纣而往归西伯"①。到了姬昌之子姬发继任周侯的时候，

---

① （西汉）司马迁撰：《史记》卷3《殷本纪第三》，第107页。

天下诸侯邦国已经有三分之二"归周"，亦即由拥戴"大邑商"转为拥戴"小邦周"了，"大邑商"作为众邦之首的地位实际上已不复存在。

据《史记》中记载："西伯既卒，周武王之东伐，至盟津，诸侯叛殷会周者八百。诸侯皆曰：'纣可伐矣。'武王曰：'尔未知天命。'乃复归。"① 这其实是一次"小邦周"对"大邑商"的武力侦察试探，所以文献称此次行动为"观兵于孟津"。"观兵"二字准确揭示出"大邦殷"与"小邦周"二者关系的实质。由此不难看出，殷周之间的关系绝非后世那样君主集权性质的君臣依附关系。

"观兵于孟津"之后二年，纣的行为更加暴虐，杀王子比干，囚箕子。"殷之大师、少师乃持其祭乐器奔周"②，周侯姬发认为伐商的时机已经成熟，于是遍告周之友邦诸侯："殷有重罪，不可以不毕伐。"③ 大举起兵，"率戎车三百乘，虎贲三千人，甲士四万五千人，以东伐纣"。周师东渡黄河，至于孟津，拥护周邦的友邦诸侯纷纷前来会合，一路浩浩荡荡直杀到距离殷商的都城只有七十余里的牧野（今河南省淇县南）。誓师于牧野的反殷联军，包括周人与西土的"友邦冢君"，以及庸、蜀、羌、髳、微、卢、彭、濮等部族邦国的军队，共有

---

① （西汉）司马迁撰：《史记》卷 3《殷本纪第三》，第 108 页。
② （西汉）司马迁撰：《史记》卷 3《殷本纪第三》，第 108 页。
③ （西汉）司马迁撰：《史记》卷 4《殷本纪第四》，第 121 页。

兵车四千乘，陈师于牧野。据《史记》记载，殷纣王闻讯以后，发兵七十万迎战。双方于牧野大战，殷纣的军队很快就溃败了。史称："纣师虽众，皆无战之心，心欲武王亟入。纣师皆倒兵以战，以开武王。武王驰之，纣兵皆崩叛纣。"[①]

牧野之战以后，以周为首的反殷联军旋即攻入殷都朝歌，纣王登鹿台自焚而死，殷商政权灭亡。此后，随着周公东征的胜利，商王朝的实力才最终被周军瓦解。在三年东征过程中，周公亲眼目睹了殷遗民的顽固与不好统治。因此在彻底瓦解殷人实力后，周公总结历史经验教训，认为不能再按照商王朝旧有的统治方式统治下去，必须另辟路径，打破历史悠久、习惯顽固的血缘邦族关系，开辟新的统治模式。于是，政治家周公力排困难，大胆创新，全面贯彻落实分封制度，从而使得以殷为"诸侯之长"的邦国联合体最终被周的封建制封国体制所替代。从此，一个新的、以周王朝政治文明为标志、具有极其重要意义的中华民族历史上的伟大文明时代才真正即将拉开序幕。

二、家国同构的封邦建国

周克商后，周族便以镐京、洛邑等王畿地域为中心。王畿之外的东西南北，分散着服属于周王朝的半独立的无数诸侯

---

① （西汉）司马迁撰：《史记》卷4《殷本纪第四》，第124页。

小国。当时这些小的邦国确如星罗棋布，错处其间。在诸侯国与国之间还夹杂着为数不少的完全独立的戎狄少数族部落。一直到春秋时，还可见到这种痕迹。当时的邦国，面积都不大，其中最大的亦不过相当于今天的一县或数县之地，而最小者或仅一村落。所以，传说周封四百余国，服八百余国。可见殷周之际，封邦小国之为数众多了。周室所封同姓如鲁、卫、晋、燕、郑、蔡等，异姓如齐、许、申、吕等，都是周的宗室及姻戚或功臣诸侯，替周室镇慑各地之土著异族居民，起到"藩屏周室"的作用。还有原自由独立的部落，在周东征时臣属于周，如楚、杞、徐、莱等国。它们实际上是时服时叛，是在东方的不稳定分子。这些服属于周的众多封邦小国，分布在相当于今天的陕西、河南、山西、山东之全部和甘肃、江苏、湖北、河北之一部分，这便是周王朝统治的大致势力范围。这个具体的地理环境，构成了西周政治的广泛性和分散性。[①]

不过，作为周王朝立国之本的分封制度，其大规模地分封诸侯是在周公当政和成康时期进行的。周王朝诸侯国数量很多。《吕氏春秋·先识览·观世》篇谓"周之所封四百余，服国八百余"[②]；《荀子·儒效》篇谓周公"兼制天下，立七十一国，姬姓独居五十三人"[③]；《左传·昭公二十八年》

---

① 参见王玉哲著：《中华远古史》，上海人民出版社 2000 年版，第 560—561 页。
② （战国）吕不韦编：《吕氏春秋》卷 16《先识览·观世》，第 129 页。
③ （战国）荀况著：《荀子》卷 4《儒效》，万卷出版公司 2009 年版，第 85 页。

谓"兄弟之国者十有五人，姬姓之国者四十人"①。姬姓诸侯多是文王、武王、周公的后裔。异姓诸侯许多是周人的亲戚，还有一些是归附周朝的方国部落首领。西周时期最重要的封国有武王弟康叔的封国卫、商王室贵族微子启的封国宋、协助武王灭商的吕尚的封国齐、成王弟叔虞的封国晋、周王室贵族召公的封国燕、周公子伯禽的封国鲁，等等。

分封诸侯时要举行隆重的册命仪式。以周天子封鲁国的情况为例："分鲁公以大路、大旂，夏后氏之璜，封父之繁弱，殷民六族，条氏、徐氏、萧氏、索氏、长勺氏、尾勺氏，使帅其宗氏，辑其分族，将其类丑，以法则周公，用即命于周。是使之职事于鲁，以昭周公之明德。分之土田陪敦，祝、宗、卜、史，备物、典策，官司、彝器。因商奄之民，命以伯禽，而封于少皞之虚。"②封赐东西虽多，但其中最重要者是土地和民众两项，因此在仪式上要由专门的官员来"授土""授民"。在分封制度下，赏赐和受封都是主从关系的体现，诸侯对于周天子有捍卫王室、镇守疆土、朝觐述职、缴纳贡物、奉命征伐等义务。在诸侯国内，诸侯可以将本封国的土地和民众封赐给卿大夫，卿大夫也可以再将土地和民众分封给自己的子弟和家臣，从而形成了不同层次的分封现象，但最主

---

① （春秋）左丘明撰：《左传》卷10《昭公二十八年》，第309页。

② （春秋）左丘明撰：《左传》卷11《定公四年》，第320页。

要的还是周王对诸侯的分封。①

　　牧野大战以后，商王朝被周王朝代替，但殷人和殷人在东方同盟国中反周的力量仍然还很强大。虽然武王初封了太公、周公、召公在齐、鲁、燕等地，但他们的力量还远远不能控制这些地区，所以迟迟不能到达他们的受封地区去建立诸侯国家。周公第二次东征以后，才彻底消灭了东方的反周势力，逐渐实现了对徐、奄、薄姑等地的控制。

　　为了加强周王朝对广大地区的控制，成王在周公等人的建议下，又在武王分封的基础上，进行了第二次的大规模分封诸侯，进一步"众建亲戚"，把大片的土地连同民众一起赏赐给自己的亲戚和功臣。这种分封行动，一直持续到康王的时候。这一批又一批新建立的诸侯国，实际是周王朝将自己的统治力量真正延伸到全国各地的标志。

　　随着分封制度的彻底实施，原来夏商时代的方国联盟制度不得不退出历史的舞台。

　　据传，在周公分封的七十二国之中，姬姓子弟就占了五十三个之多。这些被封的大小姬姓诸侯，都是文王、武王、周公的后人。如：文王的弟弟被封在东虢、西虢。文王的儿子们被封在管、蔡、郕、霍、鲁、卫、毛、聃、郜、雍、曹、滕、毕、原、酆、郇；武王的儿子被封在邘、晋、应、韩；

---

　　① 参见晁福林主编：《中国古代史》（上册），北京师范大学出版社1994年版，第94页。

周公的儿子被封在凡、蒋、邢、茅、胙、祭。这些在广大新征服土地上星罗棋布的大小封国，既是一个个相对独立的政治中心，又是保卫周王朝的大小据点。

周公杀掉武庚以后，首先选择了对周人比较驯顺并在殷人中有一定影响力的微子，将他封于宋地，让他统治一部分殷王朝的遗民。接着就又大规模地分封自己的兄弟和亲戚到被征服的广大地区去建立诸侯国家。

据司马迁记载：

> 卫康叔名封，周武王同母少弟也。其次尚有冉季，冉季最少。
>
> 武王已克殷纣，复以殷馀民封纣子武庚禄父，比诸侯，以奉其先祀勿绝。为武庚未集，恐其有贼心，武王乃令其弟管叔、蔡叔傅相武庚禄父，以和其民。武王既崩，成王少。周公旦代成王治，当国。管叔、蔡叔疑周公，乃与武庚禄父作乱，欲攻成周。周公旦以成王命兴师伐殷，杀武庚禄父、管叔，放蔡叔，以武庚殷馀民封康叔为卫君，居河、淇间故商墟。①

康叔是武王和周公最小的弟弟，被封在黄河、淇水之间的殷墟，建立了卫国。康叔分得大批殷商遗民，主要有陶氏、施氏、繁氏、锜氏、樊氏、饥氏、终葵氏等"殷民七族"。

---

① （西汉）司马迁撰：《史记》卷37《卫康叔世家第七》，第1589页。

卫国过去是商王朝活动的中心地带，康叔为了巩固自己的统治，因地制宜，实行的是维持殷商王朝旧有的政策，并继续使用商朝的原有法律。在经济政策方面，康叔则改变了原来的所有制关系，把卫国的大片土地都按照周朝的办法重新分配，从而使自己的子弟，大、小贵族都获得了很多土地并由被征服的殷商移民为之耕种。康叔实行的这一套政治和经济措施，就是《左传·定公四年》等古文献所记载的"启以商政，疆以周索"①的政策。

周公很担心康叔因为年纪较轻，没有统治经验而治理不好殷墟故地，因而一再告诫康叔。康叔尊奉周公的指示，兢兢业业，在治理国家上取得了一定的成绩，因而得到了周成王的表彰。《史记·卫康叔世家》说：

> 周公旦惧康叔齿少，乃申告康叔曰："必求殷之贤人君子长者，问其先殷所以兴，所以亡，而务爱民。"告以纣所以亡者以淫于酒，酒之失，妇人是用，故纣之乱自此始。为《梓材》，示君子可法则。故谓之《康诰》《酒诰》《梓材》以命之。康叔之国，既以此命，能和集其民，民大说。
>
> 成王长，用事，举康叔为周司寇，赐卫宝祭器，以章有德。②

周公告诫康叔：治理国家应当苦身劳形，谨慎地对待每

---

① （春秋）左丘明撰：《左传》卷11《定公四年》，第320页。
② （西汉）司马迁撰：《史记》卷37《卫康叔世家第七》，第1590页。

一件事情。你到了卫地以后，一定要向殷朝遗民中有威望的贤人请教，询问他们殷朝是怎样兴起的，又是怎样灭亡的。要经常汲取这些教训，但最根本的一条是要爱惜民力。周公还用商纣王沉湎酒色、宠幸妲己以致国破身亡的例子告诫康叔，要他治国理政时要小心谨慎，革新殷民。

在记载周公对康叔的训诫诰命如《康诰》《酒诰》《梓材》等资料中，周公为康叔谆谆教导，希望他能明德慎刑、牢固地统治卫国的殷切心情跃然于纸上。周公让康叔到卫国以后，要大力传布周王朝的德音，以便用周族的道德规范去改造那些被征服殷民的旧俗陈习。周公还吸取了商纣王严刑峻法失去民心的教训，告诫康叔在卫地执行刑罚时一定要宽猛结合。对那些虽然罪行不大，但明知故犯而坚持不改的人，要毫不客气地杀一儆百。而对那些虽犯大罪，但不是出于故意而又有所悔罪的人，要适当地减轻其惩罚。此外，周公还教导康叔，让他选取殷民中有才能的人当官，通过取得这些人的支持，实现对广大殷遗民的统治。如此等等。

康叔经过周公的一番耳提面命，茅塞顿开。他到了卫国以后，小心按照周公的办法行事，得到了不少殷朝旧贵族的支持。由于康叔治理卫国很有起色，成王亲政以后，康叔被提拔为周王朝的司寇，并得到了周王朝车、帛、旗、钟等许多礼器、乐器和财宝的赏赐。

唐叔虞是成王的弟弟，被封在黄河、汾水以东方圆百里多地的唐。

司马迁说：

> 晋唐叔虞者，周武王子而成王弟。初，武王与叔虞母会时，梦天谓武王曰："余命女生子，名虞，余与之唐。"及生子，文在其手曰"虞"，故遂因命之曰虞。
>
> 武王崩，成王立，唐有乱，周公诛灭唐。成王与叔虞戏，削桐叶为珪以与叔虞，曰："以此封若。"史佚因请择日立叔虞。成王曰："吾与之戏耳。"史佚曰："天子无戏言。言则史书之，礼成之，乐歌之。"于是遂封叔虞于唐。唐在河、汾之东，方百里，故曰唐叔虞。姓姬氏，字子于。[①]

唐地一带原是夏人活动的中心，虽然夏王朝早已被商王朝灭掉，但仍有一部分世代居住在这里的夏族还保持着不少夏代的风俗。唐叔不仅占有了夏墟的民众和土地，还获得了周王朝赏赐的大量被征服的殷人——"怀姓九宗"。唐叔在这里因其旧俗，在政治方面"启以夏政"，实行夏人传统的比商王朝要略为温和的做法，从而使夏民族对新征服者的敌对情绪有所缓和。在经济方面，因为"怀姓九宗"本来就是近于戎狄的商族遗民，所以唐叔把土地按照戎狄的制度在怀姓九宗中进行分配，并由他们每年向唐侯交纳一定数额的贡纳物，这就是《左传》里所记载的"疆以周索"[②]的措施。唐叔

---

① （西汉）司马迁撰：《史记》卷 39《晋世家第九》，第 1635 页。
② （春秋）左丘明撰：《左传》卷 11《定公四年》，第 320 页。

死后，他的儿子燮父迁居到晋水旁，改国号为晋。

太公望是周王朝的三朝元老，他足智多谋、能征善战，为周王朝的建立立下了汗马功劳，初封于昌（今河南南阳）。武庚发动叛乱以后，他又与周公、召公等人一起辅佐成王进行第二次东征，为周王朝统治的巩固作出了贡献。成王将新征服的薄姑氏土地和百姓封给了太公望，太公望建立了齐国，建都于营丘（今山东临淄以北）。

此外，太公望受成王之命与召公奭一起，可以代表周王室征服那些敢于反抗的五侯九伯的权力。太公望控制了山东北部的大片地区，其后又经过连年对夷人地区的征战，成为周初实力强大、面积辽阔的一个诸侯国家。

《史记·齐太公世家》中说：

> 太公至国，修政，因其俗，简其礼，通商工之业，便鱼盐之利，而人民多归齐，齐为大国。及周成王少时，管蔡作乱，淮夷畔周，乃使召康公命太公曰："东至海，西至河，南至穆陵，北至无棣，五侯九伯，实得征之。"齐由此得征伐，为大国。都营丘。[①]

太公望在齐国"简其君臣礼"，重视政治成效。对从殷商以来就以商工为业的齐地居民，"从其俗"，继续对他们"劝以女工之业，通鱼盐之利"。据说由于工商业的发展，齐国统

---

① （西汉）司马迁撰：《史记》卷32《齐太公世家第二》，第1480、1481页。

治阶级只要从工商业贵族那里收取十分之三的税收，就可以应付日常的开销了。太公望在齐国实行的这一套简单易行、"平易近民"的政策，使齐国的工商业有了很大的发展。在太公望的治理下，齐国很快就成为各诸侯国都向往的富庶地区。

前面提到，周公是武王的弟弟，曾为武王治理周国和翦灭殷商作出了重要的贡献。据记载，武王历数商纣罪恶，鼓舞士卒斗志的《牧誓》，就是出自周公的手笔。武王死后，周公又辅佐年幼的成王，代行国政，对安定初建的周王朝起了很大作用。特别是他与太公望、召公奭等率兵东征，伐夷践奄，实现了周王朝对东方的实际控制。武庚叛乱平定以后，周公继续留在成王身边为相，他的儿子伯禽从河南鲁山受封到奄国故地，在今天的山东曲阜建立了鲁国，成为鲁公。鲁公伯禽由于父亲周公与成王的特殊关系和赫赫功勋，所以受到了特别优厚的赏赐。鲁公不仅得到了条氏、徐氏、萧氏、索氏、长勺氏、尾勺氏等"殷民六族"作为奴隶，还得到了大路之车、旂、夏代传下来的美玉、有名的封父宝弓等仪仗和带有城郭的土地以及大量的礼器。我们从鲁公不仅像卫、唐等国一样得到了大批殷商遗民的赏赐，还特别被授予使用周天子专用的礼乐和典章制度的优待等中可以看出，鲁国在周初各封国中占有较为特殊的地位。鲁国之封，其分器之多，土地之广，人口之众，在周初诸封国中，除了卫、唐二国外，实非其他国所可比。只要鲁国能站稳脚根，周王朝在东方便无边防之忧了。

鲁国建立后，鲁公伯禽继续对鲁国周围的淮夷、徐戎等少数民族用兵，这在《尚书·费誓》里有所记载。伯禽在出兵以前，大誓将士说：

> 嗟！人无哗，听命。徂兹淮夷、徐戎并兴。善敹乃甲胄，敿乃干，无敢不吊！备乃弓矢，锻乃戈矛，砺乃锋刃，无敢不善！今惟淫舍牿牛马，杜乃擭，敜乃阱，无敢伤牿！牿之伤，汝则有常刑！马牛其风，臣妾逋逃，勿敢越逐！祗复之，我商赉尔，乃越逐不复，汝则有常刑！无敢寇攘，逾垣墙，窃马牛，诱臣妾，汝则有常刑！
>
> 甲戌，我惟征徐戎。峙乃糗粮，无敢不逮；汝则有大刑！鲁人三郊三遂，峙乃桢干。甲戌，我惟筑，无敢不供；汝则有无馀刑，非杀。鲁人三郊三遂，峙乃刍茭，无敢不多；汝则有大刑！①

在发兵淮夷、徐戎前，伯禽大誓将士说："现在这些淮夷、徐戎同时起来作乱。好好准备你们的军服头盔，系结你们的盾牌，不许不准备好！准备你们的弓箭，制造你们的戈矛，磨利你们的锋刃，不许不准备好！在战斗过程中不准伤害牛马，也不准乘机乱抓走散或者偷窃别人的牛马，你们必须把这些战利品都归还原主。战斗胜利以后，更不准私自闯入别人的家里去抢劫财物：如果有谁敢违犯我的命令，就要受到严厉的惩罚。鲁国郊外的人们，你们要准备好干粮和建筑用

---

① （春秋）孔子编：《尚书》《费誓》，第249—251页。

的木柱、木板，早日要建筑与徐戎对垒用的城墙，谁要是耽误了我的大事，我就把他处以死刑！"经过征战，淮夷、徐戎被打败以后，鲁国在奄国旧地的统治更加巩固了。

另外，北燕也为周初封国。召公奭始封于河南召陵，武王灭商以后，被改封在远离岐周的北燕，都城设在今天北京西南一带。《史记·燕召公世家》说："周武王之灭纣，封召公于北燕。"[1]召公奭本人未就封，《史记索隐》说："召者畿内采地，奭始食于召……后武王封之北燕……以元子就封，而次子留周室，代为召公。"[2]这是说北燕始封于武王灭纣之后。然而，这种说法是不对的。因为北燕今已证实在今河北省的北部，周武王克商时该地当仍系商人的势力范围，非周人所能控制。所以，封北燕只能在周公平武庚乱之后。[3]

《逸周书·作雒解》记载周公东征，管、蔡败亡，"王子禄父北奔"[4]。大概当时武庚禄父见大势已去，乃逃奔属于商的北方同族方国。周公擒杀武庚于北土，于是这一带才真正纳入周人的统治范围。召公的大儿子到燕地主持国政，为第一代燕侯，而召公仍留在镐京身居三公要职。周公摄政时，召公为太保，负责管理西部地区，周公负责管理东部地区。

---

① （西汉）司马迁撰：《史记》卷34《燕召公世家第四》，第1549页。

② （唐）司马贞撰：《史记索隐》卷11《燕召公系家第四》，陕西师范大学出版社总社2018年版，第171页。

③ 参见王玉哲著：《中华远古史》，第534页。

④ 黄怀信、张懋镕、田旭东撰：《逸周书汇校集注》卷5《作雒解第四十八》，第517页。

周公权力的增大，曾引起了召公的怀疑。周公为召公列举商朝太戊时有伊陟、臣扈和巫咸，祖乙时有巫贤，武丁时有甘盘等贤臣良佐的例子以剖明自己的心迹，恳切地为他讲解历史上的这些大臣虽然权力很大，但并没有危害这几位商王的地位，反而使商王朝大治的道理。周公向召公表示，自己也要像这些人一样帮助成王治理好天下。这一切，消除了召公对周公的疑虑。在第二次东征的过程中，召公与周公、太公一起，对平定武庚的叛乱和徐、奄等国的反抗起到了很大的作用。关于这段历史，《史记·燕召公世家》中曾有如下记载：

> 召公奭与周同姓，姓姬氏。周武王之灭纣，封召公于北燕。
>
> 其在成王时，召公为三公：自陕以西，召公主之；自陕以东，周公主之。成王既幼，周公摄政，当国践祚，召公疑之，作《君奭》。《君奭》不说（悦）周公。周公乃称"汤时有伊尹，假于皇天；在太戊时，则有若伊陟、臣扈，假于上帝，巫咸治王家；在祖乙时，则有若巫贤；在武丁时，则有若甘般：率维兹有陈，保乂有殷"。于是召公乃说（悦）。
>
> 召公之治西方，甚得兆民和。召公巡行乡邑，有棠树，决狱政事其下，自侯伯至庶人各得其所，无失职者。召公卒，而民人思召公之政，怀棠树不敢伐，哥咏之，作《甘棠》之诗。①

---

① （西汉）司马迁撰：《史记》卷 34《燕召公世家第四》，第 1549、1550 页。

总之，周公第二次克商后，为了巩固周王朝的政权，在其军事到达的广大东方和北方，建立了鲁、齐、卫、唐和燕等众多诸侯国家，遥相呼应，成犄角之势。这种分封措施，一方面用以镇抚远方的异族，一方面也作为周王朝的藩屏，"为周室辅"，由此而奠定了周王朝八百年的统治天下。通过大规模的分封，周王朝将原来商王朝的统治地区分割为星罗棋布的大小诸侯国。原来的殷商遗民，也被成族地赏赐给各主要诸侯国的统治阶级，成为周王朝诸侯国的新居民，从而使反周力量受到肢解。在难以控制的东部与北部地区，随着徐、奄、薄姑等商遗民反抗的失败，也逐渐被周公、太公望、召公这些拥有强大政治和军事力量的大臣所控制。东方的齐、鲁两国和北方的燕国，成为保卫西方周王朝中心地区的一道屏障。自此，周王朝改变了在武王灭商后一段时间"天下未集"的统治不巩固局面，成为一个疆域超过商王朝的疆域辽阔"溥天之下，莫非王土；率土之滨，莫非王臣"的泱泱大国。

三、周封建之意义

周代政治制度是以封建制为基础的一整套庞大的政治体系构建而成的。这套政治制度主要包括分封制、礼乐制以及在二者基础上建立起来的一整套详细而庞杂的宗法制度。封建制的意义，主要体现在"大邦维屏，大宗维翰，怀德维宁，宗子维城"①上面。也就是说，诸侯国是天下的屏障，宗族是天下的栋梁，德政是安定的保证，嫡子是天下的城墙。这种通过封建制度，将周政权与整个国家牢固地连接在一起，"较好地解决了中央与地方之间的关系问题，弥补了夏、商两代所暴露出来的中央对地方控制十分薄弱的缺陷。它对于维护一姓之天下在一定时期内的有效统治而言，也不失为一种较为明智的选择"。②

西周原是一个西方小国，推翻商王朝以后，面临着要统治一个文化比自己高、潜力较自己大的种族的问题。一方面是西周王朝兵力单薄，另一方面则是新征服地区地域的辽阔和人口的众多。新降服的种族大都保持了原有的部落血缘集团的组织形式，随时可利用聚族而居的特点进行反抗。在这样一种形势下，西周王朝一方面汲取了殷人内服制统治的经验，即采取打乱商人的原有行政组织系列，派官员直接进行管理；另一方面把这种统治方式推广到外服地区。如西周初年大分封时就将殷遗民所在的方国组织形式打乱，以更小的宗族或家室为单位分赐给受封诸侯。

在地方行政体制上，西周王朝实行分封制度。分封制度并不为西周王朝所独有，而是中国早期社会中一种为协调统治阶

---

① （春秋）孔子编：《诗经》《大雅·板》，第 232 页。
② 参见晁福生、李学林著：《周公评传》，第 129 页。

级利益而建立的制度，即一种君王向诸侯、诸侯向卿大夫"授民授疆土"以建立邦国的政治制度。但这一制度到西周时期发展到成熟、严密和完善的水准，并有宗法制度、礼乐制度等与之配套，并加以保证，成为一种新型的中央与地方的关系。

西周王朝除留下王畿的一部分地区由王室直接管理外，将王畿以外地区实行分封，即对王族成员、功臣姻亲和传统贵族"授民授疆土"。诸侯接受土地和人口后，也将其中一部分划归自己作为自己家族"公族"的财产，而将其余部分分授给卿大夫。卿大夫接受土地和人口后，便不一定再行分封，而是仅将一部分土地依次分给自己的子弟、亲属和家臣作为封地。经过不同层次的分封，西周王朝形成了等级结构的国家群。分封制不仅在王畿以外推行，而且也在王畿以内贯彻。西周王畿很大，周王为调动朝官的积极性，常将王畿空地作为职田，连同其人口分封给内服高级官员。

分封诸侯的目的是拱卫中央王朝，故天子和诸侯之间存在着一定的权利义务关系。诸侯尊周王为天下共主，周王则赐给诸侯一定的爵位。诸侯要承担各种义务，如镇守疆土、交纳贡赋、随王出征、定期朝觐、派人为王室服役，等等。诸侯国的内部事务，如重要官员的设置、城堡的大小等方面仍受周王约束。反过来看，周王也要为诸侯提供保护，解决列国之间的争端，协调各级封君之间的关系。从以上诸方面看，诸侯兼有地方行政长官的性质，但是，西周诸侯也保留有相当的独立性。他们在自己的封地内可以设官分职，征收赋税，并且拥有自己的武装力量，在民政、军务、人事诸方面均有相当大的自主权。

西周时期分封制度达到成熟和完善。一方面是分封制度本身趋于成熟和完善，即对分封的范围、仪式、依据和原则等方面规定得十分详明。另一方面则是宗法制度、礼乐制度等配套制度的成熟和完善。分封制度所表现出来的是以周天子为首的等级名分制度，宗法制度从血缘关系、文化习惯、思想观念价值上去维护这种制度，礼乐制度则从行为上去维护这种制度。①

成康之世，才是西周王朝大规模封邦建国的时期。东方的叛乱平定了，姬姜的诸侯在东方巩固了周公东征的成果。"昔武王克殷，成王靖四方，康王息民。并建母弟，以蕃屏周。亦曰，吾无专享文、武之功，且为后人之迷败倾覆，而溺入于难，则振救之。"② 由这段话看，成康之时实为周人"封建亲戚"的时代。在政权用国家力量实行封邦建国这一改造过程中，周人以长治久安为目的，以分封制为基石，创建了发达的、打破夏商以来部族方国结构的社会桎梏的政治文明新时代。

成康之世，周人的封建，大约只用在中原，亦即殷商旧地，加上在东方与北方开拓的疆土，如齐燕诸国，往南则不过及于淮汉一带，所谓汉上诸姬。周室封建事业大成于成

---

① 参见虞崇胜主编：《中国行政史》，高等教育出版社1999年版，第24—25页。
② （春秋）左丘明撰：《左传》卷10《昭公二十六年》，第303页。

康，则说明了所谓封建亲戚，以藩屏周室，属于周初建国工作的一部分，并不是在后世仍继续推广进行的常制。周人与姜族的封君中，大部分在成康之世已经建国了。即使后世仍有少量新封国出现，如郑国，其数量实不能与周初所封的等量齐观。这一现象特有的时间性，对于封邦建国的性质当应有所启示。①

前面说过，夏、殷两代，天下众多的方国邦族大都采取亲族聚居的形式，所谓的一国其实就是一族，兼有血缘部族与早期地缘国家的特点。殷人的方国在当时是最为强大的，自称"大邑商""大邦殷"。与它同时并立的还有众多的大小方国，这些方国包括"大邑商"自己在内，都是自然生长起来的。它们于各自直接控制的辖土范围之内，均采取血缘聚居的方式。"大邦殷"虽然征服过许许多多的方国，但并没有把这些异姓方国从政治制度上融化为自己邦族的一部分，而仅仅是用强力迫使他们处于附属、服从的地位。因此，所谓的殷商王朝，实际上不过是以"大邑商"为领袖的、由众多方国组成的一个松散的方国联合体，这与周王朝在地域、政治、文化上全方位的大一统有着天壤的差别。殷商王朝直接控制的"四土"不过为今天黄河中下游的冀南、豫中一带。其他的邦族方国，基本上都是独立的，它们有着各自的宗教

---

① 参见许倬云著：《西周史》，生活·读书·新知三联书店 2018 年版，第 160 页。

信仰、神灵崇拜、文化传统、风俗习惯。它们和"大邑商"之间的关系，仅仅是一种首领和从属的关系。它们之所以奉"大邑商"为领袖，听从"大邑商"的调遣与指挥，仅仅是因为"大邑商"的实力强大而不是什么其他更重要的共同政治与文化因素。舍武力震慑外，二者关系中并无其他以制度和信仰为基础的、具有强大影响力和制约力的恒久性因素。

周初封建制则与殷商的方国政治联合实体不同。它是在打破旧式部族方国血缘界限的基础上，以周王授土授民的名义赐予，由姬姓或异姓功臣建立的、以周人为统治族的新型国家。在分封整合过程中，原来的"殷民七族""殷民六族"以及其他一些商代强大方国的贵族和遗民，整族整族地被迁往各周人封国，由封国统治者"帅其宗氏，辑其分族，将其类丑，以法则周公，用即命于周"①，进行分化式管理。这样做的结果，使得殷人的旧有势力脱离本土，云散四方，被分别羁绊，已不可能重新聚合、死灰复燃。所以，经过周公二度分封之后的殷人实力，已没有了重温复国旧梦的可能。更为重要的是，通过周初的封建制过程，这些由周王授土授民新建的国家，已经不再是旧式的血缘聚居的方国，而是由周人、本地土著以及外迁而来的殷人和其他方国各部族混合、以周人为统治者的新型国家。过去那种一族即是一国的情况在周系诸侯（至少是其主要诸侯国）里已经不复存在，兼具血

① （春秋）左丘明撰：《左传》卷11《定公四年》，第320页。

缘与地缘特征的早期国家时代向以地缘划分居民的成熟国家过渡的发展过程已经开始。同时，这些分封的诸侯国家在名义上属于周王所有，在实际政治生活中也必须听从周王的指挥，并承担各种责任与义务。它们与周王室的关系，已不再是方国联合体中的那种松散的成员与首领的胁从关系，而是臣属与君主的政治利害统一关系，同时，也是中央与地方之间的关系，这使得王权大大得到强化。这种变化，正如王国维所言："由是天子之尊，非复诸侯之长，而为诸侯之君。"①中华民族"天下一体"的观念也由此产生。

西周的封建应作如何观？这里可以借用唐人柳宗元的《封建论》来加以说明。柳宗元说：

> 天地果无初乎？吾不得而知之也。生人果有初乎？吾不得而知之也。然则孰为近？曰：有初为近。孰明之？由封建而明之也。彼封建者，更古圣王尧、舜、禹、汤、文、武而莫能去之。盖非不欲去之也，势不可也。势之来，其生人之初乎？不初，无以有封建。封建，非圣人意也。

> 彼其初与万物皆生，草木榛榛，鹿豕狉狉，人不能搏噬，而且无毛羽，莫克自奉自卫。荀卿有言："必将假物以为用者也。"夫假物者必争，争而不已，必就其能断曲直者而听命焉。其智而明者，所伏必众；告之以直而不改，必痛

---

① 周锡山编校：《王国维集》第四册，中国社会科学出版社2008年版，第131页。

之而后畏；由是君长刑政生焉。故近者聚而为群，群之分，其争必大，大而后有兵有德。又有大者，众群之长又就而听命焉，以安其属。于是有诸侯之列，则其争又有大者焉。德又大者，诸侯之列又就而听命焉，以安其封。于是有方伯、连帅之类，则其争又有大者焉。德又大者，方伯、连帅之类又就而听命焉，以安其人，然后天下会于一。是故有里胥而后有县大夫，有县大夫而后有诸侯，有诸侯而后有方伯、连帅，有方伯、连帅而后有天子。自天子至于里胥，其德在人者，死必求其嗣而奉之。故封建非圣人意也，势也。

夫尧、舜、禹、汤之事远矣，及有周而甚详。周有天下，列土田而瓜分之，设五等，邦群后。布履星罗，四周于天下，轮运而辐集；合为朝觐会同，离为守臣扞城。然而降于夷王，害礼伤尊，下堂而迎觐者。历于宣王，挟中兴复古之德，雄南征北伐之威，卒不能定鲁侯之嗣。陵夷迄于幽、厉，王室东徙，而自列为诸侯矣。厥后，问鼎之轻重者有之，射王中肩者有之，伐凡伯、诛苌弘者有之，天下乖戾，无君君之心。余以为周之丧久矣，徒建空名于公侯之上耳。得非诸侯之盛强，末大不掉之咎欤？遂判为十二，合为七国，威分于陪臣之邦，国殄于后封之秦，则周之败端，其在乎此矣。

秦有天下，裂都会而为之郡邑，废侯卫而为之守宰，据天下之雄图，都六合之上游，摄制四海，运于掌握之内，此其所以为得也。不数载而天下大坏，其有由矣。亟役万人，暴其威刑，竭其货贿，负锄梃谪戍之徒，圜视而合从，大呼而成群，时则有叛人而无叛吏，人怨于下而吏畏于上，天下相合，杀守劫令而并起。咎在人怨，非郡邑之制失也。

　　汉有天下，矫秦之枉，徇周之制，剖海内而立宗子，封功臣。数年之间，奔命扶伤之不暇，困平城，病流矢，陵迟不救者三代。后乃谋臣献画，而离削自守矣。然而封建之始，郡邑居半，时则有叛国而无叛郡，秦制之得亦以明矣。继汉而帝者，虽百代可知也。

　　唐兴，制州邑，立守宰，此其所以为宜也。然犹桀猾时起，虐害方域者，失不在于州而在于兵，时则有叛将而无叛州。州县之设，固不可革也。

　　或者曰："封建者，必私其土，子其人，适其俗，修其理，施化易也。守宰者，苟其心，思迁其秩而已，何能理乎？"余又非之。

　　周之事迹，断可见矣。列侯骄盈，黩货事戎，大凡乱国多，理国寡；侯伯不得变其政，天子不得变其君，私土子人者，百不一。失在于制，不在于政，周事然也。

　　秦之事迹，亦断可见矣：有理人之制，而不委郡邑，是矣。有理人之臣，而不使守宰，是矣。郡邑不得正其制，守宰不得行其理。酷刑苦役，而万人侧目。失在于政，不在于制，秦事然也。

　　汉兴，天子之政行于郡，不行于国；制其守宰，不制其侯王。侯王虽乱，不可变也；国人虽病，不可除也。及夫大逆不道，然后掩捕而迁之，勒兵而夷之耳。大逆未彰，奸利浚财，怙势作威，大刻于民者，无如之何。及夫郡邑，可谓理且安矣。何以言之？且汉知孟舒于田叔，得魏尚于冯唐，闻黄霸之明审，睹汲黯之简靖，拜之可也，复其位可也，卧而委之以辑一方可也。有罪得以黜，有能得以赏。朝拜而不道，夕斥之矣；夕受而不法，朝斥之矣。设使汉室尽城邑而侯王之，纵令其乱人，戚之而已。孟舒、魏尚之术莫得而施，黄霸、汲黯之化，莫得而行；明谴而导之，拜受而退已违矣；下令而削之，缔交合从之谋周于同列，则相顾裂眦，勃然而起；幸而不起，则削其半，削其半，民犹瘁矣，曷若举而移之以全其人乎？汉事然也。

今国家尽制郡邑，连置守宰，其不可变也固矣。善制兵，谨择守，则理平矣。

或者又曰："夏、商、周、汉封建而延，秦郡邑而促。"尤非所谓知理者也。

魏之承汉也，封爵犹建；晋之承魏也，因循不革；而二姓陵替，不闻延祚。今矫而变之，垂二百祀，大业弥固，何系于诸侯哉？

或者又以为："殷、周圣王也，而不革其制，固不当复议也。"是大不然。

夫殷、周之不革者，是不得已也。盖以诸侯归殷者三千焉，资以黜夏，汤不得而废；归周者八百焉，资以胜殷，武王不得而易。徇之以为安，仍之以为俗，汤、武之所不得已也。夫不得已，非公之大者也，私其力于己也，私其卫于子孙也。秦之所以革之者，其为制，公之大者也；其情，私也，私其一己之威也，私其尽臣畜于我也。然而公天下之端自秦始。

夫天下之道，理安斯得人者也。使贤者居上，不肖者居下，而后可以理安。今夫封建者，继世而理；继世而理者，上果贤乎，下果不肖乎？则生人之理乱未可知也。将欲利其社稷以一其人之视听，则又有世大夫世食禄邑，以尽其封略，圣贤生于其时，亦无以立于天下，封建者为之也。岂圣人之制使至于是乎？吾固曰："非圣人之意也，势也。"①

柳宗元在《封建论》中指出：

自然界果真没有原始阶段吗？我无法知道。人类果真有原始阶段吗？我也无法知道。那么，有或没有原始阶段哪种说法比较接近事实呢？我个人认为，有原始阶段这种说法比较接近事实。怎么知道这一点呢？从"封国土、建诸侯"的封建制就可以明白。那种封建制，经历了古代贤明的帝王唐尧、虞舜、夏禹、商汤、周文王和周武王，没有谁能把它废除掉。不是不想把它废除掉，而是事物发展的趋势不允许，这种形势的产生，大概是在人类的原始阶段吧？不是原始阶段的那种形势，就没有可能产生封建制。实行封建制，并不是古代圣人的本意。

人类在原始阶段和万物一起生存，那时野草树木杂乱丛生，野兽成群四处奔走，人不能像禽兽那样抓扑啃咬，而且身上也没有毛羽来抵御严寒，不能够光靠自身来供养自己、保卫自己。荀卿说过："人类一定要借用外物作为自己求生的工具。"借用外物来求生的必然会相争，争个不停，一定会去

---

① （唐）柳宗元著：《柳河东集》卷3《封建论》，上海古籍出版社1993年版，第27—30页。

找那能判断是非的人而听从他的命令。那又有智慧又明白事理的人，服从他的人一定很多；他把正确的道理告诉那些相争的人，不肯改悔的，必然要惩罚他，使他受痛苦之后感到惧怕，于是君长、刑法、政令就产生了。这样附近的人就聚结成群，分成许多群以后，相互间争斗的规模一定会大，相争的规模大了就会产生军队和威望。这样，又出现了更有威德的人，各个群的首领又去听从他的命令，来安定自己的部属。于是产生了一大批诸侯，他们相争的规模就更大了。又有比诸侯威德更大的人，许多诸侯又去听从他的命令，来安定自己的封国。于是又产生了方伯、连帅一类诸侯领袖，他们相争的规模还要大。这就又出现了比方伯、连帅威德更大的人，方伯、连帅又去听从他的命令，来安定自己的百姓，这以后天下便统一于天子一人之手了。因此先有乡里的长官而后有县的长官，有了县的长官而后有诸侯，有了诸侯而后有方伯、连帅，有了方伯、连帅而后才有天子。从最高的天子到乡里的长官，那些对民众有恩德的人死了，人们一定会尊奉他们的子孙为首领。所以说封建制的产生不是圣人的本意，而是形势发展的必然结果。

尧、舜、禹、汤的事离我们已经很遥远了，到了周代记载就很详备了。周朝占有天下，把土地像剖瓜一样分割开来，设立了公、侯、伯、子、男五等爵位，分封了许多诸侯。诸侯国像繁星似的罗列，四面遍布在大地上，集结在周天子的周围，就像车轮围绕着中心运转，就像辐条集中于车毂；诸侯聚合起来就去朝见天子，分散开来就是守卫疆土的臣子、朝廷的捍卫者。但是往下传到周夷王的时候，破坏了礼法，损害了尊严，天子只得亲自下堂去迎接朝见的诸侯。传到周宣王的时候，他虽然倚仗着复兴周王朝的功德，显示出南征北伐的威风，终究还是无力决定鲁君的继承人。这样日渐衰败下去，直到周幽王、周厉王，后来周平王把国都向东迁移到洛邑，把自己排列在诸侯同等地位上去了。从那以后，问周天子传国九鼎的轻重的事情出现了，用箭射伤天子肩膀的事情出现了，讨伐天子大臣方伯、逼迫天子杀死大夫苌弘这样的事情也出现了，天下大乱，再没有把天子看作天子的了。我认为周王朝丧失统治力量已经很久了，只不过还在公侯之上保存着一个空名罢了！这岂不是诸侯势力太大而指挥不动，就像尾巴太大以至摇摆不动所造成的过失吗？于是周王朝的统治权分散到十二个诸侯国，后来又合并为七个强国，王朝的权力分散到陪臣掌政的国家，最后被很晚才封为诸侯的秦国灭掉。周朝败亡的原因，大概就在这里了。

秦朝统一全国后，不分诸侯国而设置郡县，废除诸侯而委派郡县长官。秦占据了天下的险要地势，建都于全国的上游，控制着全国，把局势掌握在中央政府的手中，这是它做得正确的地方。但没过几年便天下大乱，那是有原因的。它多次征发数以万计的百姓服役，使刑法越来越残酷，耗尽了财力。于是那些扛着锄木被责罚防守边境的人们，彼此递个眼色就联合起来，怒吼着汇合成群，奋起反秦。那时有造反的老百姓而没有反叛的官吏，老百姓在下怨恨秦王朝；官吏在上惧怕朝廷。全国四面八方互相配合，杀郡守、劫县令的事情在各地同时发生。大秦帝国的错误在于激起了民众的怨恨，并不是郡县制的过失。

汉朝统一了全国之后，纠正秦朝的错误，沿袭周朝的封建制，分割天下，分封自己的子弟和功臣为诸侯王。但没有几年，为了平息诸侯国的叛乱便闻命奔赴镇压，以至连救死扶伤都来不及，后来由于谋臣献策，才分散削弱诸侯王的势力并由朝廷命官管理诸侯国。汉朝开始恢复封建制的时候，诸侯国和郡县各占一半疆域，那时只有反叛的诸侯国而没有反叛的郡县，秦朝郡县制的正确性也已经明白清楚了。继汉朝而称帝的，就是再过一百代，郡县制比封建制优越，也是可以知道的。

唐朝建立以后，设置州县，任命州县的长官，这是它做得正确的地方。但还是有凶暴狡猾的人不时起来叛乱、侵州夺县的情况出现，过失不在于设置州县而在于藩镇拥有重兵，那时有反叛的藩镇将领而没有反叛的州县长官。郡县制的建立，确实是不能改变的。

有的人说："封建制的世袭君长，一定会把他管辖的地区当作自己的土地尽心治理，把他管辖的老百姓当作自己的儿女悉心爱护，使那里的风俗变好，把那里的政治治理好，这样施行教化就比较容易。郡县制的州县地方官，抱着得过且过的心理，一心只想升官罢了，怎么能把地方治理好呢？"我认为这种说法也是不对的。

周朝的情况，毫无疑问地可以看清楚了：诸侯骄横，贪财好战，大致是政治混乱的国家多，治理得好的国家少。诸侯的霸主不能改变乱国的政治措施，天子无法撤换不称职的诸侯国的君主，真正爱惜土地、爱护百姓的诸侯，一百个中间也没有一个。造成这种弊病的原因在于封建制，不在于政治方面。周朝的情况就是如此。

秦朝的情况，也完全可以看清楚了：朝廷有治理百姓的制度，而不让郡县专权，这是正确的；中央有管理政务的大臣，不让地方官自行其是，这也是正确的。但是郡县不能正确发挥郡县制的作用，郡守、县令不能很好地治理人民。残酷的刑罚、繁重的劳役，使万民怨恨。这种过失在于政治方面，不在于郡县制本身。秦朝的情况便是这样。

汉朝建立的时候，天子的政令只能在郡县推行，不能在诸侯国推行；天子只能控制郡县长官，不能控制诸侯王。诸侯王尽管胡作非为，天子也不能撤换他们；侯王国的百姓尽管深受祸害，朝廷却无法解除他们的痛苦。只是等到诸侯王叛乱造反，才把他们逮捕、流放或率兵讨伐，以至灭掉他们。当他们的罪恶尚未充分暴露的时候，尽管他们非法牟利搜刮钱财，依仗权势作威作福，给百姓造成严重的伤害，朝廷也不能对他们怎么样。至于郡县，可以说是政治清明、社会安定了。根据什么这样讲呢？汉文帝从田叔那里了解到孟舒，从冯唐那里了解到魏尚，汉宣帝听说黄霸执法明察审慎，汉武帝看到汲黯为政简约清静，那么就可以任命黄霸做官，可以恢复孟舒、魏尚原来的官职，甚至可以让汲黯躺着任职，委任他只凭威望去安抚一个地区。官吏犯了罪可以罢免，有才干可以奖赏。早上任命的官吏，如果发现他不行正道，晚上就可以撤换了他；晚上接受任命的官吏，如果发现他违法乱纪，第二天早上就可以罢免他。假使汉王朝把城邑全部都分割给侯王，即使他们危害人民，也只好对它发愁而没有办法。孟舒、魏尚的治理方法不能施行，黄霸、汲黯的教化无法推行。如果公开谴责并劝导这些侯王，他们当面接受，但转过身去就违反了；如果下令削减他们的封地，互相串通联合行动的阴谋就会遍及侯王各国之间，那么大家都怒眼圆睁，气势汹汹地反叛朝廷。万一他们不起来闹事，就削减他们的一半封地，即使削减一半，百姓还是受害了，何不把诸侯王完全废除掉来保全那里的人民呢？汉朝的情况就是这样。

今天国家完全实行郡县制，不断地任命郡县长官，这种情况是肯定不能改变了。只要好好地控制军队，慎重地选择地方官吏，那么政局就会安定了。

有人又说：“夏、商、周、汉四代实行封建制，他们统治的时间都很长久，而秦朝实行郡县制，统治的时间却很短。”这更是不懂得治理国家的人说的话。

魏继承汉朝，分封贵族的爵位仍然实行封建制；西晋继承魏，因袭旧制不加改变，但魏和晋都很快就衰亡了，没听说有国运长久的。唐朝纠正魏晋的过失改变了制度，享国已近二百年，国家基业更加巩固，这与分封诸侯又有什么关系呢？

有人又认为："治理商、周二代的是圣明的君王啊，他们都没有改变封建制，那么，本来就不应当再议论这件事了。"这种说法大大地不对。

商、周二代没有废除封建制，是不得已的。因为当时归附商朝的诸侯有三千个，商朝靠了他们的力量才灭掉了夏，所以商汤就不能废除他们；归附周朝的诸侯有八百个，周朝凭借他们的力量才战胜了商朝，所以周武王也不能废弃他们。沿用它来求得安定，因袭它来作为习俗，这就是商汤、周武王不得不这样做的原因。他们是不得已的，并不是什么大公无私的美德，而是有私心，是要使诸侯为自己出力，并保卫自己的子孙。秦朝用废除分封诸侯的办法来作为制度，是最大的公；它的动机是为私的，是皇帝想要巩固个人的权威，使天下的人都臣服于自己。但是废除分封，以天下为公，却是从秦朝开始的。

至于天下的常理，是治理得好、政局安定，这才能得到民众的拥护。使贤明的人居上位，不肖的人居下位，然后才会清明安定。封建制的君长，是一代继承一代地统治下去的。这种世袭的统治者，居上位的果真贤明吗？居下位的真的不肖吗？这样，人民究竟是得到太平还是遭遇祸乱，就无法知道了。如果想要对国家有利而统一民众的思想，而同时又有世袭大夫世世代代统治他们的封地，占尽了诸侯国的全部国土，即使有圣人贤人生在那个时代，也会没有立足之地，这种后果就是封建制造成的。难道是圣人的制度要使事情坏到这种地步吗？所以我说："这不是圣人的本意，而是形势发展的结果罢了。"

柳宗元的这篇政治论文对比了分封制与郡县制的优劣，指出了封建制也是中国历史上历史发展的必然产物，并分析了封建制度与周王朝兴亡之间的关系，是一种用历史发展的眼光看待事物变化的正确态度。

总之，作为周公宗法政治重要组成部分的分封制，虽然最终给周王朝带来了诸侯"尾大不掉"的问题，直至造成周王朝覆亡的恶果，但在以后的中国历史中，分封制却在不少新王朝建立之初一再被推行，并由此引发了关于中央集权与地方分权的长期争论。

秦始皇统一中国以后，朝廷内就推行分封制还是郡县制展开了激烈争论。其中多数官员坚持继周制实行分封制的立场，李斯则力排众议，坚持推行郡县制。他从周代分封，最终导致"诸侯更相诛伐，周天子弗能禁止"[1]的事实，说明分封之不可行。但推行郡县制的秦王朝却是一个历二世而亡的短命王朝。秦的速亡，导致汉高祖刘邦在消灭了异姓王之后，大量地分封自己的子侄为同姓王。汉初同时又推行郡县制，形成了郡国并行的局面。到汉景帝时，一些同姓封国强

---

[1]　（西汉）司马迁撰：《史记》卷6《秦始皇本纪第六》，第239页。

盛起来，爆发了"七国之乱"。平息叛乱以后，汉景帝削去了分封诸侯王的全部权力，规定他们不得"治国"。这种分土不治民的做法，使分封国变成了郡县。汉武帝统治时期，采纳主父偃的建议，推行"推恩令"，允许国王分城邑给自己的子弟，使大国变成很多小国。这样，中央集权得到了加强。

西晋王朝建立以后，晋武帝司马炎也认为魏亡是由于帝室孤立，没有力量制约权臣的结果。加之陆机等人也强调"古之王者，必建同姓，以明亲亲，必树异姓，以明贤贤"[①]，这就导致西晋大封同姓王，先后共有五十七人被封。结果事与愿违，晋武帝死后不久，就爆发了历时四年之久的"八王之乱"。这次大动乱造成了社会经济的极大破坏，并由此引发了以后中国长达三百年的大分裂。因此，西晋的宗法式分封，并未带来当年周公分封的那种理想的效果；相反，却带来了十分严重的恶果。

唐代初期，在推行分封制还是郡县制上也有过激烈争论。宰相萧瑀认为，"三代封建而长久，秦孤立而亡"[②]，建议实行分封制，但遭到大多数官员反对。唐太宗本想推行分封制，但碍于群臣的反对无法立即付诸实施。不过，在公元631年2月，他还是分封了一批皇室宗亲为王，此后又陆续分封了

---

① （宋）司马光编：《资治通鉴》卷74《魏纪六》，中华书局1956年版，第2355页。
② （清）吴乘权等编：《纲鉴易知录》《唐纪·太宗文武皇帝·唐贞观五年》，中华书局1960年版，第1142页。

几十人为王。武则天建立武周政权以后，也大封武氏亲戚为郡王。唐代中后期，藩镇割据势力壮大，于是分封论再度出现。柳宗元写下《封建论》，总结秦汉以来关于地方分权和中央集权的争论，批驳了分封论。

明朝初年，朱元璋出于对异姓功臣的猜忌，提出了一个分封诸子为王的冠冕堂皇的理由，即"天下之大，必建藩屏，上卫国家，下安生民。今诸子既长，宜各有爵封分镇诸国，朕非私其亲，乃遵古先哲王之制，为久安长治之计"①，前后封皇子二十三人为亲王，叔父、侄子十五人为王，共三十八王。诸王在封地设王府，并设置官属，护卫甲士少者三千，多至一万九千人。诸王地位高于朝中大臣，公侯、大臣见了他们都要下拜。明代规定皇子都封为亲王，受封亲王共计六十二人。亲王嫡长子立为王世子，长孙立为世孙，世代承袭亲王之位，其余诸子封郡王。郡王嫡长子承袭郡王之位，其余诸子封镇国公。其下依次封为辅国公、奉国公、镇国将军、辅国将军、奉国将军、镇国中尉、辅国中尉、奉国申尉等，都按嫡长子继承，次子以低一等分封的办法延续下去。由此可见，明初朱元璋对周公的宗法式分封的仿效已达到极为神似的程度。朱元璋把自己最信任的儿子分封到边防重镇，让他们手握重兵。朱元璋死后，当继位的建文帝打算削藩时，燕王朱

---

① （明）董伦、李景隆、姚广孝等著：《明太祖实录》卷51，中华书局2016年影印本，第999页。

棣已是尾大不掉，终于举兵反叛中央王朝，经过三年的"靖难之役"，推翻了建文帝政权。朱棣上台以后，对藩王的权力加以限制，削除了藩王的兵权。有明一代，规定这些皇族不能参加科举考试、做官吏，也不许他们务农经商，他们完全变成了"寄生虫"。一些地位高的皇族，不受法律约束，几乎无恶不做，完全成了社会的祸害。虽然明代分封制在宗法统系上与周公时代几乎完全一致，但并没有全面恢复到周公时代的水平。在政治权利、地位上，受封诸侯根本无法与周代诸侯们相提并论。相反，其恶果很多。这表明，宗法式分封制在高度君主专制的中央集权的封建社会后期已经愈来愈不合乎时代的潮流，分封制由此从中国政治舞台上逐渐消失。

然而，不管怎样说，周初大规模的分封不但使中国早期的国家制度向前发展了一大步，而且又因为宗法关系的政治化而导致了宗法制度的完善与发达，这深刻地影响了后来中国的历史与民族的文化习性。

第五章　血缘准则与家国实践

——创新与完善宗法制度

西周推行的宗法制度不仅解决了嫡长子继承王位的问题，为周王朝统治集团提供了权力继承和更迭规则，降低了权力转移时政治振荡的频率，而且还协调了各级封君之间的关系，起到稳定整个王朝统治秩序的作用。将嫡长子继承大宗的原则扩展到所有封君（诸侯、卿大夫）中去，以此理顺各级封君的关系，明确宗子与别子、大宗与小宗之间主干与枝叶的宗法系统，是一种君臣关系同构、家国关系同构的新型政治模式。这种制度大大增强了西周王朝统治集团政治上的认同感，有效提高了行政治理的效能，使得君臣民在对家族的认同中同时形成对国家的认同，从而达到了家国同构的治理效果。

一、血缘向地域转变之枢机

周人在古公亶父之前，还是一个弱小的族群。自古公亶父迁岐以后，励精图治，团结族众，为周人日后的崛起奠定了基础。武王克商后，回顾历史，认为周人取天下的基础肇始于古公亶父时期，因而追封他为"太王"。自古公亶父开始，接着是季历和周文王，连续三代自强不息，到文王时，弱小的周人已经开始强大起来。恰好与此同时，威震天下数百年之久的"大邦殷"由于几代殷王的昏庸无道，以及其他种种主客观因素，国势开始江河日下。骤然强大起来的周人利用殷人专力对付东方反叛邦国的时机，联合"友邦冢君"，率领服从周的各方国、部落联军突然发难，一举取殷鼎而代之。这样，僻处西陲的"小邦周"便取代了"大邦殷"在早期中国的统治地位。

周人之所以能够打败殷人，除了通过自身不懈的努力外，实有种种偶然的因素。殷人虽然因朝歌一役战败，然而积威日久，力量尚存。而且殷遗民人数众多，势力依然雄厚。所以周人代殷之初，在心理上对于能否成功地统治天下并无充分的自信。只是到了周公东征胜利以后，随着周人统治的巩固，这种自信心与治理国家的雄心壮志才随之增强起来。

正是由于在代殷之初周人对拥有与治理天下尚无充分的自信，故殷人作为数百年盟主的威望所具有的强者启示的作用，以及对历史惯例的遵循与受传统习俗的影响，使周人在代殷之后最初试图建立的国家体制，仍旧是效仿殷商政治模式的、以周为领袖国的方国联盟体制。过去的大量研究成果告诉我们，周初大规模分封诸侯是在成王时代。周武王在推翻商纣王政权以后，所做主要不过是释百姓之囚、表商容之闾、散鹿台之财、发矩桥之粟、封比干之墓，其后不久便"罢兵西归"。对于作为亡国之余的殷人，反而倒是"封商纣子禄父殷之馀民"①。这说明一开始周统治者还是按照夏商以来的惯例，在打败敌国之后令其服从即可，并没有认识到从根本上消灭殷商国家的重要性，也没有在政治体制上有创新的欲望，而仅仅是让殷人作为邦国联合体之一员服从于周即可，正如"小邦周"曾经长期作为邦国联合体之一员服从于"大邦殷"一样。这种处理的方法，正是部族社会时代的典型做法。倘若失败的殷人能够从此甘心屈居于从属臣服的地位，那么周政权未必不会像殷商对待夏政权那样，全盘复制旧有的统治模式。如果真是这样的话，周王朝也还仍然是一个众多方国林立、维持松散方国联合体的时代。

　　然而，形势总是在发生变化，企图复兴祖业的商纣王之子武庚，联合被周政权派来监视他、却因对周公摄政不满而与之勾结的管叔和蔡叔，想乘武王新死、成王年幼而周公大权在握的"主少臣疑"之机起而叛周，这就使立足未稳的周

---

① （西汉）司马迁撰：《史记》卷4《周本纪第四》，第126页。

王朝立即面临被颠覆的危险。大政治家周公旦于危急存亡之时坚决果断地力排众议，毅然率师东征平叛，挫败殷人的复国阴谋，彻底粉碎了殷人重登盟主宝座的梦想。

东征平叛后，周公总结教训，深感殷人的霸主地位积数百年之久，势力尚在，余威犹存，而周族则乍然兴起，力量有限，倘若治国方略完全依照殷代制度，那么殷人一旦于猝然打击之后的失败中复苏，由于其人口众多，旧土广大，新生的周政权能否巩固统治将吉凶难卜。基于此种考虑，挟再胜之威而又具有雄才大略的周公旦亲自规划设计，对国家制度进行了具有极其深远意义的重大改革，彻底实行了"封建亲戚，以蕃屏周"①的分封制度，将同姓诸侯与周室勋臣封派到原先周人势力不及的地区进行统治；同时，又通过"制礼作乐"，使周系诸侯与其他文化落后的部族方国截然区分开来，而周系诸侯之间则具有了共同的文化观念与制度约束的同一性基础。这就改变了周初那种不平等方国联盟的松散的政治格局，把周王朝改造成为一个宗法政治化，以共同的政治利益为基础，以礼乐制度和文化观念为纽带，以周王为宗主的宗族诸侯为主、异姓诸侯为辅的、以地缘政治为核心，以家国同构为模式的强大的新的统一王朝。

---

① （春秋）左丘明撰：《左传》卷5《僖公二十四年》，第66页。

二、嫡长子继承制度

随着生产力的发展，氏族民主制的瓦解和国家的出现成为必然，剩余产品的出现和阶级的分化为国家的产生奠定了物质和政治基础。在私有观念已经发展起来的社会，再也无法继续用氏族社会那套原始民主的方法来调节氏族、部落之间的矛盾，氏族的民主管理制度走到了尽头，需要一种超越社会之上、带强制性的公共权力机关来重新调节人们的行为，这便是国家。

夏王朝是在部落联盟的基础上将部落联盟的管理体制加以改造而建立起来的一种新型国家。这种改造的关键环节是将部落联盟领导集团通过民主推选军事首长的"禅让制"变为王位继承制，从而把原先民主制基础上的"公共权力"变为一种凌驾于社会之上的强制性"公共权力"。

不过，有夏一代，中国政治虽然已经步入了国家门槛，但因为处于草创与探索阶段，国家机器尚十分简单，中央政府并不向归属于它的氏族组织直接派遣官吏，而是利用原有氏族和部落的血缘关系，由原来的酋长治理。其余部落与夏国家的关系，由部落联盟关系转变为朝贡关系，即一种名义上的隶属关系，实际上各部落与夏国之间的纽带十分松散，并不是如今日之中央与地方的政治体制。因此，夏代政治具有相当浓厚的血缘关系色彩，也兼具一定的宗法政治的特点，但中央与地方的关系极为松散，地方对中央王朝的关系主要表现为纳贡与一种名义上的服从。

与刚刚迈入文明时代门槛的夏王朝相比，商王朝的政治管理水平明显有所提高。商王朝在政治体制上采取了"内服"和"外服"相结合的统治方式。"内服"是指王畿以内的地区，由商王直接进行统治，设有"百僚"和"百辟"等官职，具有较多的地缘关系特征。"外服"，是指王畿之外的分封地区。受封者有商王诸子，也有功臣和夷族首领。分封诸侯有自己的统治机构和地方武装，他们接受商王的统治与封号，其封国可以世袭。他们有为商王戍边、随王出征、纳贡服役、朝觐祭祀等义务。同时，分封诸侯们在其领地上有高度自治权。商代政治带有一定的宗法色彩，特别是在商代后期更为明显。只是由于商王朝最高统治者们始终相信君权神授，总是动辄以上帝的意志作为镇压方国反抗的依据，因此，他们并不把血缘关系这个维系统治集团内部团结的特殊纽带作为政治生活的第一要素。这样一来，商代政治表现为只具有宗法制度的初级形式，还远未达到成熟的阶段。

夏朝开创了"家天下"的局面，建立了王位世袭继承制度。但据《史记·夏本纪》载，夏朝王位继承顺序并无严格规定，基本是以传子为主，辅之以传弟。商朝前期，其行政体制基本上沿袭夏朝，在王位继承上缺少详细的规定，基本上是一种兄终弟及制，兄死弟继，直到同辈之弟全不在世时，再由长兄之子继承，以此类推。这一继承方式中潜伏着动乱因素，造成商朝前期"废嫡而更立诸弟子，弟子或争相代立"[1]的王位争夺，即商前期历史上的"九世之乱"。盘庚迁殷后，吸取前朝有关经验和教训，变"兄终弟及"制为王位王子继承制，即由家族占有王位缩小到王的直系占有王位。有关王位继承顺序的这一演变，较好地解决了最高统治权的顺利交接问题，避免因为王权交接引发内部权力斗争而危害整个王朝的统治。[2]

西周初期，周人的血缘组织基本上没有解体。"小邦周"战胜"大邑商"以后，周人难以对辽阔的疆土进行牢固的统治。在这种危急的局势之下，周武王和周公选择了以维护血缘关系为目的的宗法制度。

周公选择宗法政治，也是怀疑天命论之后的必然结果。由于把上帝与祖先神灵分开，神的地位和作用大大下降，于是氏族、部落间的血缘关系就成了政治生活中的最高权威。因此，维系人们原有的血缘关系，就得有助于"保民"。为了达到这一目的，周公把商代后期已得到初步发展的宗法制度加以完善，使之最终定型，确立为周代政治制度的核心内容之一。

今天，我们已不可能直接找到周公对于宗法制度的论述。但在《左传·文公十八年》中，鲁人提到"先君周公制

---

① （西汉）司马迁撰：《史记》卷 3《殷本纪》，第 101 页。
② 参见虞崇胜主编：《中国行政史》，第 19 页。

周礼"①，并引了周公所制周礼中的一句话。由此可知，周礼确为周公所创。虽然我们已知流传下来的《周礼》《仪礼》《礼记》等书并非周公当年亲自编定，但它们的确又源于周公，这已是不争的事实。这些典籍中关于宗法制度的记载，大体上反映了周公当初的治理国家的思想，成为我们研究周公宗法政治思想的主要资料来源之一。

所谓宗法，就是以家族为中心，按血缘关系远近区别嫡庶和亲疏的法则。周公所制定的宗法政治制度主要包括嫡长子继承制、分封制和宗庙继承制，等等。

商代后期确立的王子王位继承制并未完全解决王位继承的顺序问题，真正解决这一问题的是西周时期确立的嫡长子继承制。商代后期已出现嫡庶分别，但仅是萌芽而已。周文王之时正式确立世子之制，即文王在位期间即指定武王作为自己的继承人。在这以后，逐渐出现了一些成文制度，即"立嫡以长不以贤，立子以贵不以长"②的原则。这一原则通过西周初年加以完善的宗法制度而最后确定下来，成为西周政治社会生活中极其重要的一部分。

事实上，宗法制度的核心问题就是通过血缘亲疏及长幼辈分的血族观，保证嫡长子继承王位。即在嫡庶所生诸子中，

---

① （春秋）左丘明撰：《左传》卷6《文公十八年》，第101页。
② （战国）公羊高撰：《春秋公羊传》《隐公元年》，顾馨、徐明校点，辽宁教育出版社1997年版，第1页。

必须确定嫡正所生之子的优先继承地位,而在诸嫡子之中,又必须确定长子的优先继承地位。这一客观的标准使继承人的资格被限制在一个人身上,其他诸王子不敢冒天下之大不韪而争夺王位。这为统治集团提供了权力的继承和更迭原则,降低了权力转移时政治振荡的频率。

嫡长子继承制确立了嫡长子在继承权力、财产和主持祭祀等方面相对于其他兄弟的优先权。按今天的观点看,它所反映的是一种法律关系。但在周初,平民和奴隶是没有什么东西可以传给后代的,因此它主要是周代贵族在进行权力分配时的一种政治规则,尤其是处理周天子与诸侯之间的关系时所必须遵守的规则。

在周代的分封制中,就充分地体现了这一点。

周初主要由周公大力推行的分封制,其实际意图就在于以宗法为核心,按照血缘关系的亲疏远近"封藩建卫"。按照分封规则,周天子是天下大宗,他的嫡长子为宗子,是王位继承者。庶子是小宗,但在其封国内又是大宗。庶子的嫡长子继承封国,其余诸子被封为卿大夫。卿大夫分得土地作为采邑(同时也得到附属于土地上的民众)。卿大夫的嫡长子继承其采邑,其余诸子又被封为士。卿大夫对诸侯而言为小宗,对其所封之士而言又为大宗。这样,逐级分封,确立彼此间的隶属关系,自下对上承担一定义务。比如,诸侯向周天子担负镇守疆土、捍卫王室、交纳贡赋、朝觐述职等义务。

从表面上看,商、周分封制是相同的,其实二者是有本质区别的。周公所推行的分封制是建立在相当完备的宗法制度基础之上的。从政治关系看，周天子成为天下共主，对诸侯直接进行控制，不同于商朝商王与封国诸侯的宗主式关系。从宗法关系看，周天子是天下的大宗，君主之位由嫡长子世代继承，永葆大宗地位，这就避免了商代在王位继承权上的混乱状况。这样一来，通过宗法式分封，周代最高统治者就实现了政权、族权和神权三者的紧密结合，这不能不说比之于商王朝的统治方式又高明了许多。

另外，从西周分封的实际情况来看，周王朝也的确体现了宗法政治的基本原则。

周代分封，以周公东征胜利以后的规模为最大。周公所分封的诸侯，有同姓、异姓和黄帝等古帝王之后三种。据《荀子·儒效》记载，共封七十一国，其中姬姓独属五十三个。姬姓受封者为周文王、武王、周公之后，或为周王之兄弟，皆为同族。异姓功臣主要为姜姓。姜子牙（吕尚）不仅为功臣，也是周王室的姻亲，与周王室有深厚的血缘关系。如此看来，受封的绝大部分诸侯，均与周天子有血缘关系。

分封制度的基本原则，使周族的成员及其亲属在政治权力以及其他利益的分配中都依据其宗法血缘关系的亲疏远近而不同程度地得到了好处，他们几乎都成了整个王朝统治集团中的一员。这样，他们之间的血缘关系不但没有因为胜利后的利益分配不均而遭到削弱，反而因共同利害关系而得到了较为巩固的维系。周公通过封邦建国，达到了增强周人内部凝聚力的目的，成功地巩固了政权。周天子在较长时期内始终保持着很高的权威，成为全国土地的最终所有者和"王畿"之地的实际拥有者。周天子有极大的权力，凡政治、经济、军事、宗教、司法、礼仪诸方面的大事，都由周天子决定，即"礼乐征伐自天子出"①。周王对不履行义务的诸侯，可以采取削减封地、降爵，甚至以武力消灭等措施。这种以血缘关系为基础而建立起来的天子权威，在西周建立以后的较长时间里都未受到过真正的挑战。

宗法政治的意义，正如周公后人凡伯所说，就是"大邦维屏，大宗维翰，怀德维宁，宗子维城"②。也就是说，诸侯国是天下的屏障，宗族是天下的栋梁，德政是安定的保证，嫡子就是天下的城墙。一张以血缘为纽带紧密编织而成的宗法网络，使得周王室与整个国家牢固地连结在了一起，较好地解决了中央与地方的关系问题，弥补了夏、商两代所暴露出来的中央对地方控制十分薄弱的缺陷。它对于维护一姓之天下在一定时期内的有效统治而言，也不失为一种较为明智的选择。

宗法制度不仅解决了嫡长子继承王位的问题，为周王朝统治集团提供了权力的继承和更迭规则，降低了权力转移时政治振荡的频率，而且还协调了各级封君之间的关系，起到稳定整个王朝统治秩序的作用。即将嫡长子继承王位的原则

---

① （春秋）孔门弟子编：《论语》《季氏篇第十六》，第 158 页。
② （春秋）孔子编：《诗经》《大雅·板》，第 232 页。

扩展到所有封君（诸侯、卿大夫）中去，以此理顺各级封君的关系、明确宗子与别子、大宗与小宗之间主干与枝叶的宗法系统。这样就增强了统治集团政治上的认同感，提高了统治的效能，在家族的认同中形成国家的认同，以便达到对国家的有效治理。

另一方面，宗法政治也存在着明显的弱点。随着时间的推移，受封诸侯们与天子之间的血缘关系越来越疏远，这就势必导致血缘纽带的松弛。自春秋以来，周王室对诸侯逐渐失去约束力，昔日威风八面的天子已不再是天下共主，而一些强大的诸侯国，却"挟天子以令诸侯"，打着"尊王攘夷"的旗号，争夺霸主的地位，迫使各国向霸主交纳贡赋，获取本应由周天子享受的政治和经济特权。自周平王东迁之后，在长达五个世纪之久的时期内，周王朝已名存实亡。其军队由六师减少到两师、一师，直到不足一师，王畿之地不足原来的一半，从实力和地位上已衰落为一个诸侯小国。公元前256年，周王朝终于为秦灭亡。这表明，仅仅依靠以血缘纽带为基础而进行的宗法式分封，是不可能使一姓之天下世世代代永远传下去的。

然而，我们必须看到，周公的宗法政治思想及其实践，对中国古代社会产生了长期的影响。祖述周公的儒家学派始终倡导对宗法制度的维护。自汉武帝"罢黜百家，独尊儒术"以后，儒家思想长期居于正统学术思想的地位。这就使宗法制度在民间得到更为广泛的推行，在中国社会中形成了始终是由血缘纽带维系着的宗法组织——家族，家族充当着中国社会的基石。在西汉至南北朝时期，由于推行了保护门阀世族的九品中正制和占田制，一些宗法豪强势力崛起，在全国各地形成了一大批豪门世族。特别是在魏晋南北朝时期，因战乱频繁，统一的中央政权长期缺位，造成世家大族横行乡里独霸一方，形成了一个个集宗法权力和政治权力于一体的血缘组织。隋唐以来，随着科举制与均田制的推行，门阀世族遭到毁灭性打击，并逐渐绝迹。但从北宋以后，在宋明理学的大力倡导下，宗法制度又在新形势下卷土重来。宋儒把周公所确定的宗法制度理想化，主张重建古代宗族组织，于是在中国民间自发组成了以男系血统为中心的宗族共同体。这种新的宗法组织既不同于西周时期的政治关系、血缘关系和人神关系高度统一的宗法制度，也不同于东汉以后的门阀世族及宗法豪强的那种政治形态，而是普遍在民间形成的宗法家族，它更具有大众性、普及性、文化性、长久性，成为国家最基本的行政单位，具有强大的生命力。这种民间宗法家族在宋以后的中国封建社会后期存在了七八百年的时间，成为传统中国社会政治生活中的一种基本社会单元。①

---

① 参见辜堪生、李学林著：《周公评传》，第126—130页。

第六章　构建秩序社会

——探索与建设礼乐制度

周礼实际上包含两个方面的内容，一是亲族血缘方面的关系，前人称之为"亲亲"；二是社会政治方面的关系，前人称之为"尊尊"。在礼仪等级制度中，"亲亲"讲的是亲族宗法制度；"尊尊"讲的是贵族爵禄制度。前者是亲属关系，后者是政治关系；前者是宗统，后者是君统。"亲亲"与"尊尊"贯彻着严格的等级制原则，它是周代统治者维护统治的工具。凭此工具，统治阶级可以维护从天子、诸侯、卿大夫到士范围之内整个统治阶级的利益和秩序。《礼记·中庸》说："亲亲之杀，尊贤之等，礼所生也。"讲的就是这个道理。因为礼只对贵族阶级而言，庶人以下的阶层则无礼可言，故《礼记·曲礼上》说："礼不下庶人，刑不上大夫。"就是说，礼与刑都各有应用的范围，礼只在庶人以上阶层运用，庶人阶层以下则不用礼义；刑法只用在大夫阶层以下，大夫阶层以上则不用刑法。这也与"劳心者治人，劳力者治于人"的价值原则基本一致。

一、"以礼为法"

礼制是维护宗法关系和政权运转的一系列等级制度。从西周开始，统治者依照血缘的亲疏远近及政治地位的高低不同而分成许多等级，反映这种等级关系的便是礼制。

在周文化的兴起过程中，作为周初实际最高统治者，周公十分重视礼乐制度的建设，首先，强调的就是"以礼为法"，"以礼治国"。

"礼"字在殷商甲骨文中就已出现，它的字形象征以豆（盘）盛玉祭祀祖先、上帝，以示敬意。许慎《说文解字》说："礼，履也，所以事神致福也。"[①]殷人的"礼"，实际上就是"尊神"的仪式。因此，殷人的"礼"，就是与神权和宗法密切联系的行为规范。在天命论盛行的殷商时期，"礼"的宗旨是为神权服务的，殷人之"礼"虽也含有宗法成分，但其宗法色彩并不浓厚。商人奉行的是神权法思想，因此，"礼"的法律功能是相当薄弱的。

周取代商的统治地位以后，周公在总结商的失败教训中，也对商代法律的得失进行了认真的反思和总结。有商一代，由于统治阶级崇尚神权法，以致把现实中的刑罚也称为天之罚。因此，商代的刑法极为残酷。商纣王时，"重刑辟，有

---

① （东汉）许慎撰：《说文解字》《第一上》，陶生魁点校，中华书局2020年版，第2页。

炮烙之法"①。据说周文王曾请求商纣王废除炮烙之刑，孔子曾赞美说："仁哉文王！轻千里之国而请解炮烙之刑。智哉文王，出千里之地而得天下之心。"②这说明，周初统治集团是不赞成施行商代残酷的刑法的。

在西周政权建立的过程中，周公等周初统治者们已经认识到"天命靡常"，对殷商的天命论产生了怀疑，因此，他们提出了"皇天无亲，惟德是辅"的政治观点。与此相适应，在法律思想上，周公提出了以礼治国的观点。

关于周公在礼治上的实践，在先秦典籍中，除了《左传·文公十八年》季文子使太史克对鲁宣公说"先君周公制周礼"③以外，《国语·鲁语》也有"若子季孙欲其法也，则有周公之籍矣"④。这里的"籍"，是间接地指载有"周礼"的典籍。《论语·为政》也说："周因于殷礼，所损益，可知也。"⑤根据这些文献的记载，周公制礼应确有其事。历史上关于"周公制礼"的传说，实际上就是指由周公主持，对以往的宗法传统习惯进行补充、整理，从而厘定成一整套以维护宗法制度为中心的行为规范以及相应的典章制度、礼乐仪

①　（西汉）司马迁撰：《史记》卷 3《殷本纪第三》，第 106 页。

②　（战国）韩非著：《韩非子》《难二》，盛广智译评，吉林文史出版社 2004 年版，第 182 页。

③　（春秋）左丘明撰：《左传》卷 6《文公十八年》，第 101 页。

④　（春秋）左丘明著；（三国）韦昭注：《国语》卷 5《鲁语下·孔丘非难季康子以田赋》，第 144 页。

⑤　（春秋）孔门弟子编：《论语》《为政篇第二》，第 16 页。

式的过程。周公按照这套体现了"亲亲""尊尊"的宗法原则来治理国家，这就是"以礼治国"的礼治。

周公所制定的"礼"，是宗法等级制度的依据和标准。荀子说："礼者，贵贱有等，长幼有差，贫富轻重皆有称者也。"[①]可见，周公之礼是调整政治、经济、军事、司法、教育、婚姻、家庭、伦理道德等方面行为规范的总和。所谓："道德仁义，非礼不成；教训正俗，非礼不备；分争辩讼，非礼不决；君臣上下，父子兄弟，非礼不定；宦学事师，非礼不亲；班朝治军，莅官行法，非礼威严不行。"[②]因此，周公之礼，关乎国家政治社会的各个方面，直到个人的一切言行。礼的基本原则即："亲亲也，尊尊也，长长也，男女有别，此其不可得与民变革者也。"[③]其中，"亲亲"是宗法原则，旨在维护家长制；"尊尊"也是宗法原则，旨在维护君主制。

作为"定亲疏，决嫌疑，别同异，明是非"[④]的"礼"，在西周时期起到了"经国家，定社稷，序民人，利后嗣"[⑤]的重大作用。因此，周公所制之礼，带有根本大法的性质。同时，它的许多规定，是用国家强制力来保证执行的，违犯了"礼"就会受到严厉惩罚，即所谓"出礼则入刑"。这样，

---

① （战国）荀况著：《荀子》卷6《富国》，第141页。
② （西汉）戴圣编：《礼记》《曲礼上第一》，第1页。
③ （西汉）戴圣编：《礼记》《大传第十六》，第115页。
④ （西汉）戴圣编：《礼记》《曲礼上第一》，第1页。
⑤ （春秋）左丘明撰：《左传》卷1《隐公十一年》，第11页。

礼就已不仅仅是一般的伦理准则，还是规范人们行为的强制
性规范，是西周法律体系中不可分割的有机组成部分。《周
礼·地官·大司徒》说"以五礼防万民之伪，而教之中"①，
直接指明了"礼"的法律性质。先秦典籍中所提到的"夫礼，
所以正民也"②，"以礼防民"③等，也都表明了"礼"具有
法律的强制性规范特征。

按照礼的要求，人们必须做到父慈、子孝、兄友、弟恭。
因此，周公要求对不遵守这些规范的人实行严惩。他把"不
孝不友"的行为视为"元恶大憝"，即罪大恶极，提出要对此
"刑兹无赦"，即严惩而不宽恕。他特别提醒康叔，一定要充
分认识到违反礼法而不受到严惩所带来的危害。他说："惟吊
兹，不于我政人得罪，天惟与我民彝大泯乱。"④就是说，百
姓有了不孝不恭不友不爱的现象而不到我们执政者这里来认
罪，上帝赐给我们的统治民众的大法，便要遭到严重破坏。
由此可见，周公实际上是把遵守礼法看成是维护西周政治的
首要任务。

周公把礼治放到国家政治建设的首要地位，其根本目

---

①（西周）姬旦著：《周礼》《地官司徒第二·大司徒》，钱玄等注译，岳麓书社
2001年版，第99页。

②（春秋）左丘明撰；（三国）韦昭注：《国语》卷4《鲁语上·曹刿谏庄公如
奇观社》，第100页。

③（春秋）左丘明撰：《左传》卷12《哀公十五年》，第357页。

④（春秋）孔子编：《尚书》《康诰》，第148页。

的在于维护周王室在王权和族权上的绝对优势地位，达成
"天无二日，士无二王，国无二君，家无二尊，以一治之
也"①的社会政治局面。这就决定了礼是为维护宗法等级秩
序而服务的。因此，礼治的基本特征就是"礼不下庶人，
刑不上大夫"②。

在周公所建立的法律制度中，礼与刑是配合实施的。它
们在适用对象上各有所侧重。"礼不下庶人"，是指"礼"主
要是用来调整统治阶级内部关系的。各级贵族依据礼所享有
的各种特权，奴隶和平民一律不得享受。"刑不上大夫"，
指的是刑罚的主要适用对象是普通民众。礼治和刑治各司其
职，表明周公所制定的法律规范是公开的、不平等的特权法。
但是，"礼不下庶人，刑不上大夫"也是相对的。礼所规定
的各种义务，不仅贵族们要遵守，庶民百姓也必须无条件地
遵守。同时，对于犯上作乱，"放弑其君""贼杀其亲"的个
别贵族，由于其行为已严重危害周政权的稳定，也必定受到
严惩。在礼法中，"大夫强而君杀之，义也"③。周公平"三
监"之乱后，杀其兄管叔，放逐其弟蔡叔，就是严惩周王室
重要成员的一个明显例证。周公之子伯禽在征伐淮夷、徐夷
之前对包括卿大夫在内的部众发布的誓师词中，便谈到了适

---

① （西汉）戴圣编：《礼记》《丧服四制第四十九》，第 239 页。
② （西汉）戴圣编：《礼记》《曲礼第一》，第 7 页。
③ （西汉）戴圣编：《礼记》《郊特牲第十一》，第 87 页。

用于卿大夫的"常刑"。他说："乃越逐不复，汝则有常刑！无敢寇攘，逾垣墙，窃马牛，诱臣妾，汝则有常刑。"①意思是说，如果你们敢于离开队伍去追赶走失的牛马和逃跑的奴隶，或得到了却不归还，那就要被处以刑罚。不许你们抢夺掠取。假如你们敢翻墙越壁，盗窃牛马，拐骗别人的男女奴仆，也要被处以刑罚。他还威胁说，如果这些卿大夫们不搞好备战和后勤工作，"汝则有大刑"，即要被处以死刑。自此以后，"周有常刑"或"国有常刑"就成了一些诸侯责问其他诸侯违反礼法行为所经常使用的理由。

总之，周公的礼治思想及其实践，作为维护宗法和政治秩序的强有力的法律武器，对于在较长时期内维护周王朝政治安定与社会秩序的稳定，起到了重要的作用，对后世也产生了十分重要的影响。②

二、"审乐以知政"

周族代商，是中国古代政治制度、思想文化领域的巨大变革。在灭商过程中，周初统治集团逐渐认识到，国家兴衰很大程度上并不取决于对上帝的崇敬，而是取决于统治万民

---

① （春秋）孔子编：《尚书》《费誓》，第250页。
② 参见晁堸生、李学林著：《周公评传》，第134—140页。

的手段。在对"德"与"民"深刻认知的基础上，宗周时代"礼"的观念发生重大变化。周人以宗法制为核心的"尊礼文化"，将所有人都纳入宗族礼法的制度之中，目的在于利用以血缘等级为核心的礼制统治民众，实现社会的长久稳定。夏商时代作为通天工具的"乐"，此时也随之转向人间宗法领域，成为维护现实王权统治的有力手段。

周人在"礼乐治国"思想支配下，赋予"礼"诸多繁缛复杂的规定，使之渗透到社会生活的方方面面，"乐"同时被附载于各种礼仪制度，成为国家制度化、程式化、等级化的重要组成部分。宗周时代的礼乐形态，以"礼—王权—乐"模式呈现出来。

在周公制定的礼乐制度中，乐与礼是对应的。在严格规范的各种礼仪中，同时也包含了在各种不同仪式中有关乐舞使用的具体规定。事实上，所谓"礼仪"也就是礼乐的综合体。由于乐舞已成为周代社会生活的一部分，因而音乐舞蹈的教育成为贵族子弟们的必修课，"乐"与"诗""书""礼"并称"四术"。

西周乐制中最为重要的一环就是建立了集音乐教化、音乐教育和音乐演出于一身的中央音乐机构——大司乐。它是一个职能复杂、部门众多、规模庞大的实体。据《周礼·春官·大司乐》记载，这个机构共设置了包括大司乐、乐师、大胥、小胥、大师、小师、视瞭、典同、磬师、钟师、笙师等共二十余个不同等级、职称的多达一千四百六十三人的乐官、乐师、舞师和职员、工役。除了这些有定额的人员外，还有为数众多的无定额人员。

在这个主管音乐的中央机构中，大司乐是最高官职，它由中大夫两人担任，职责是"掌成均之法，以治建国之学政，而合国之子弟焉"。它除了总管音乐行政、乐制和各种典礼音乐的制定以外，还负责贵族子弟的音乐教育及乐工的训练等。大司乐负责教授贵族子弟乐德、乐语和乐舞，所教乐舞为"大舞"。大司乐"死则以为乐祖，祭于瞽宗"①，享有很高的社会地位。乐师的职责是"掌国学之政，以教国子小舞"②。它是歌舞的总教习和总指挥。包括大乐正（官阶为下大夫）四人，乐正（官阶为上士）八人，小乐正（官阶为下士）十六人，共二十八人。乐师所教之乐舞为小舞，有帗舞、羽舞、皇舞、旄舞、旄舞和人舞等六种形式。乐师还负责有关天子、诸侯、大夫和士在不同场合所使用的"乐仪"的教授。

周代乐制是与礼制严密地结合在一起的。在礼乐制度中，对于各种礼仪中乐的使用是按不同的等级分别加以严格限定的。

在所使用的乐器数量上，就有与宗法等级相对应的规定。如钟、磬类编悬乐器，就有"王宫悬，诸侯轩悬，卿大夫判

---

① （西周）姬旦著：《周礼》《春官宗伯第三·大司乐》，第206页。
② （西周）姬旦著：《周礼》《春官宗伯第三·乐师》，第211页。

悬，士特悬"① 的规定，即王有四面，诸侯有三面，卿大夫有两面，士有一面。

在乐队演出的规模上，也有与宗法等级相对应的具体规定。如舞队的行列有"天子用八，诸侯用六，大夫用四，士二"② 的规定，即分别用八佾、六佾、四佾和二佾，每佾即一个由八人组成的行列。

在乐舞曲目的应用上，也有与宗法等级相对应的明确规定。《周礼·春官》有"凡射，王以《驺虞》为节，诸侯以《狸首》为节，大夫以《采𬞟》为节，士以《采蘩》为节"③ 的规定。又如，《雍》只用于天子祭祀时撤除祭品之时，《三夏》是"天子享元侯之乐"，《文王》是"两君相见之乐"④ 等。

根据周代礼乐制度的要求，重大礼仪场合所演奏的曲目往往既多且繁，过程相当漫长。以燕礼为例，《仪礼·燕礼》对乐的规定就多达四五百字。在这些规定中所提到的需演奏的曲目多达十九个，如："工歌《鹿鸣》、《四牡》、《皇皇者华》"，"奏《南陔》、《白华》、《华黍》"，"乃间歌《鱼丽》，笙《由庚》。歌《南有嘉鱼》，笙《崇丘》。歌《南山有台》，笙《由仪》。遂歌乡乐。《周南》、《关雎》、《葛覃》、《卷耳》；《召南》、《鹊巢》、《采蘩》、《采𬞟》"，宴终之前还要"奏《陔》"。"乐"在周代

---

① （西周）姬旦著：《周礼》《春官宗伯第三·小胥》，第214页。

② （春秋）左丘明撰：《左传》卷1《隐公五年》，第6页。

③ （西周）姬旦著：《周礼》《春官宗伯第三·乐师》，第63页。

④ （春秋）左丘明撰：《左传》卷9《襄公四年》，第159页。

礼仪中的重要性及其规定的严格性由此可见一斑。

周代乐制的规定和礼制的规定一样，是具有强制性的。它要求任何人都必须严格地遵守，不得有丝毫违反。如果违反便是"僭越"或者"非礼"，就要遭到惩罚或谴责。

应该看到，为了维护周王朝的统治秩序，周公在制雅作乐上是下了很大功夫的。雅乐的源头可以上溯到传说中黄帝时的《云门》、帝尧时的《咸池》、帝舜时的《韶》及夏代的《大夏》、商代的《护》等乐舞。它们在产生的时代虽尚未正式地被称作雅乐，但已具有较明显的为统治者服务的功能，因此，应该说它们已有后来被正式定为官方正统音乐舞蹈的雅乐的萌芽。由于周代这些乐舞仍在流传，周公在制作雅乐时，就有意识地利用了这种音乐舞蹈形式，并且加以改造，使之更合适地为政治服务，从而形成了一种新的乐舞形式——雅乐。

周公制作的雅乐与前代乐舞的主要区别在于：前代并没有建立起较为严密的宗法制度，因而其乐舞不是为宗法制度服务的，周公制作的雅乐则是宗法制度的重要组成部分。

殷商时代，由于天命论的盛行，"殷人尊神，率民以事神，先鬼而后礼"①。统治者频繁地举行祭祀和占卜活动，被认为能沟通人神关系的巫师则在这种活动中表演歌舞。这种乐舞的目的是娱乐鬼神。它主要是为神而歌而舞，至于如何使人产生愉悦的情感这种审美功能反倒变得无关紧要了。

---

① （西汉）戴圣编：《礼记》《表记第三十二》，第 197 页。

　　周朝则不同。雅乐在周公的治国手段中，地位仅次于礼。所谓"礼乐刑政，四达而不悖，则王道备矣"[①]，就说明了这一点。雅乐是作为礼乐制度的一个不可或缺的内容而存在的。"礼"和"乐"是宗法制度中互为补充的两个方面，"大乐与天地同和，大礼与天地同节"，"乐者，天地之和也；礼者，天地之序也。和，故百物皆化；序，故群物皆别"，"王者功成作乐，治定制礼"，"乐者为同，礼者为异。同则相亲，异则相敬"[②]。这表明，"乐"是"礼"的重要补充，都是为维护宗法等级而作用的。另一方面，礼乐还具有增强宗族内部的凝聚力和向心力的作用。周公有意识地利用了雅乐平和、柔缓的旋律，使人沉浸于愉悦、祥和的氛围之中，以消解亢奋、对立等不和谐情绪。因此，调和宗族内部与国家的人际关系是周公制作雅乐的真实意图。雅乐的利用，正好弥补了礼制的不足。

　　周公不仅仅是西周礼乐制度的设计者和制定者，也是雅乐的创作者。由于雅乐古谱的失传和其他资料的缺乏，我们已无法考证他是否作过雅乐。但周公除了创作大型乐舞《大武》以外，还是多首雅乐歌词的采集者和几首歌词的作者。今天我们所看到的《诗经》中的诗歌，本来是用来配乐演唱的。宋人郑樵说，诗"为燕享祭祀之时用以歌"，又说"乐以

---

①　（西汉）戴圣编：《礼记》《乐记第十九》，第 126 页。

②　（西汉）戴圣编：《礼记》《乐记第十九》，第 126、127 页。

诗为本，诗以声为用"①。在《诗经》中，留下了几首周公所作的雅乐歌词。

据《吕氏春秋·古乐》的说法，《诗经·大雅》中的《文王》一诗是周公写成的："周文王处岐，诸侯去殷三淫而翼文王。散宜生曰'殷可伐也'，文王弗许。周公旦乃作诗曰：'文王在上，於昭于天。周虽旧邦，其命维新'，以绳文王之德。"②这首诗共七章，每章八句，以歌颂文王"受命"建周为主题。有周一代，它被广泛地使用于祭祀、朝会或两君相见等重大活动之中，起到了类似周朝国歌的作用。因此《文王》一诗，在雅乐中扮演了极其重要的角色。诗中写道：

> 文王在上，昭于天。
> 周虽旧邦，其命维新。
> 有周不显，帝命不时。
> 文王陟降，在帝左右。
> ……
> 命之不易，无遏尔躬。
> 宣昭义问，有虞殷自天。
> 上天之载，无声无臭。
> 仪刑文王，万邦作孚。③

---

① （宋）郑樵著：《通志》卷49《乐略第一·乐府总序》，中华书局1987年版，第625页。

② （战国）吕不韦编：《吕氏春秋》卷5《仲夏纪·古乐》，第44、45页。

③ （春秋）孔子编：《诗经》《大雅·文王》，第210页。

作为雅乐的歌词，《文王》不只是对周文王进行赞美，还表达了作者的许多基本观点。作者对天命论的怀疑，对殷商失败教训的总结，对德治的提倡和对后世统治者的期望，都鲜明地表达出来了。通过对雅乐的反复演唱，周公的治国之道就世世代代流传下来，并被后世君主和诸侯们所铭记。

据说，《诗经·周颂》中的《清庙》一诗也是周公在洛邑居摄五年时所作。该诗是祭祀文王于清庙时所演唱的歌词。全诗共一章八句。诗中写道：

> 於穆清庙，肃雝显相。
> 济济多士，秉文之德。
> 对越在天，骏奔走在庙。
> 不显不承，无射于人斯。①

据《尚书·金縢》记载，"周公居东二年……公乃为诗以贻王，名之曰《鸱鸮》"②。《鸱鸮》是周公为表明自己心迹而为成王所作，对于其内容，此处不再赘述。

《诗经》中的《七月》一诗，是一首共八章、每章十一句的长篇诗歌。《毛诗序》说《七月》是"陈王业也。周公遭变故，陈后稷先公风化之所由，致王业之艰难也"。诗中写道：

① （春秋）孔子编：《诗经》《周颂·清庙》，第252页。
② （春秋）孔子编：《尚书》《金縢》，第134页。

> 七月流火，九月授衣。
>
> 一之日觱发，二之日栗烈。
>
> 无衣无褐，何以卒岁。
>
> 三之日于耜，四之日举趾。
>
> 同我妇子，馌彼南亩，田畯至喜。
>
> ……
>
> 二之日凿冰冲冲，三之日纳于凌阴。
>
> 四之日其蚤，献羔祭韭。
>
> 九月肃霜，十月涤场。
>
> 朋酒斯飨，曰杀羔羊。
>
> 跻彼公堂，称彼兕觥，万寿无疆。①

从全诗的内容来看，它不仅描绘了稼穑的艰辛，也抒发了爱情的甜蜜；它不仅写人们的劳动过程，也写人们的娱乐和消费。因此，它是一部描写周初社会生活的史诗。

据《吕氏春秋·音初》记载："周公、召公取风焉，以为《周南》《召南》。"②周公旦和召公奭分陕而治，自陕县以东（今河南陕县）为周公所管理的周南，具体包括今河南西南部及今湖北西北部一带。采自这些地方的诗，统名为《周南》。周代诸侯有从其封地"采风"以献天子的义务。朱熹说："风者，民俗歌谣之诗也……是以诸侯采之以贡于天子，

---

① （春秋）孔子编：《诗经》《国风·豳风·七月》，第 127 页。

② （战国）吕不韦编：《吕氏春秋》卷 6《季夏纪·音初》，第 48 页。

天子受之而列于乐官，于以考其俗尚之美恶，而知其政治之得失焉。"[1] 因此，《周南》的部分诗歌当是周公在"分陕而治"之后对当地民间歌谣进行收集、整理的产物，最能体现周公的德治教化的歌谣。[2]

有周一代，这种服务于礼制的雅乐先后兴盛了四百多年。通过严格的乐制，这种乐舞持续不断地赞颂统治者的盛德，灌输宗法伦理思想，不断地强化人们对宗族和国家的归属感，在客观上的确起到了维系宗法制度的作用。

雅乐的演出规模宏大，演出过程相当程式化，确能给人以一种古朴、庄严和宏伟之感。但是，它的旋律和歌词是为特定的礼节服务的，因而沉闷、呆板，又给人以沉重和压抑之感。因此，进入春秋战国以后，就出现了乐制遭到破坏的情况。一方面，不少诸侯厌烦雅乐而喜爱俗乐。如，"魏文侯问于子夏曰：吾端冕而听古乐，则唯恐卧；听郑、卫之音，则不知倦。敢问古乐之如彼，何也？新乐之如此，何也？"[3] 这使孔子发出了"礼崩乐坏"的感叹。俗乐纷纷进入宫廷，如齐宣王喜好"世俗之乐"，秦国宫廷出现"郑卫桑间"之乐等等。另一方面，诸侯、大夫们不遵守礼乐制度的规定，僭越宗法等级，大夫窃用天子用的乐歌，诸侯动用天子的乐队

---

① （宋）朱熹撰：《诗集传》卷 1，第 1 页。
② 参见辜堪生、李学林著：《周公评传》，第 200—206 页。
③ （西汉）戴圣编：《礼记》《乐记第十九》，第 131 页。

规模，公然"八佾舞于廷"，在礼崩乐坏情况下，雅乐地位开始动摇。

　　孔子对乐制遭到破坏的现状十分不满，他愤怒地说："恶紫之夺朱也！恶郑声之乱雅乐也！恶利口之覆邦家者！"①因此，当他晚年返鲁以后，就着手"正乐"，使"《雅》《颂》各得其所"②，以图挽救雅乐的至尊地位。然而，历史发展的轨迹是不以人的主观意志为转移的。周代乐制本是为礼制服务的，现在，礼制崩溃了，乐制也自然是难以为继了。随着宗法等级制度的崩溃，雅乐也就失去了其存在的社会基础。虽然后来自汉起直至清代，雅乐几乎一直在历代宫廷音乐中占有一席之地，但它不过只是一些满足人们复古嗜好的"古董"，徒具形式的摆设罢了。春秋战国以后，在历代宫廷音乐中，重俗轻雅已呈必然之势。③

---

① （春秋）孔子著：《论语》《阳货篇第十七》，第170页。
② （春秋）孔门弟子编：《论语》《子罕篇第九》，第82页。
③ 参见辜堪生、李学林著：《周公评传》，第208—211页。

第七章　核准治理理念

——高举明德与保民的旗帜

　　周公德治思想及其实践，开启了中国政治以德治国的先河，开启了中国文化对于人的存在的自觉认识历程，表明了周初统治者在对天、人、德、政的关系认识中，发现了民众是国家的治理主体，认识到了统治者的道德好坏在国家政权兴衰存亡中的重要作用。在西周统治者那里，"德"主要与维护自身的统治有关。它在很大程度上是为了治理民众，维护统治而提出来的。从维护政权的长治久安着眼，周公把"保民"作为其施行德政的首要任务。他不厌其烦地谆谆告诫年轻的统治者们，要把保民作为一项重要职责。"明德"与"保民"，成为周公治理国家的两大核心理念。周政中的德治与重民思想，在中国政治和文化的发展史上具有十分重要的价值。它推进了中国传统社会和文化的道德精神特征的形成，促成了中国政治体制与道德规范的融汇合一，构筑了中国社会的政治与伦理相结合的治理范式，形成了天下一家、社会一统的结构特征，这对于中华民族的融合和发展，无疑产生了深远的凝聚向心的作用。

一、"明德慎政"

德政之始，始于周朝。

周公的政治文化改革，开启了中国社会政治和文化思想的崭新发展历程。以周公为代表的西周初年的统治者，在创建巩固新兴政权的政治活动中，基于对历史与现实、政治与文化的理性反思，创立了封建宗法制度的政治、社会与文化结构，确立了礼乐文化的秩序规范，推进了中国文化道德精神特征的兴起与发展。特别是周公提出的"以德配天""敬德保民""明德慎罚"的德治主张，使得作为西周初年中国政治文化的道德精神，不仅内化为政治策略和文化意识巩固了周政权的统治，而且展示了当时中国文化对于人的存在的自觉认识和人文主义主动构建的时代轨迹。周公的"德政"，对于中国传统社会文化的更新递进，以及民族生存方式的抉择完善，无疑具有影响深远的政治意义及重要的文化价值。

周初统治者的德治思想与实践，是在创建巩固西周政权的特定历史条件下，通过周公等人对于社会文化的反思认识和总结阐发而形成的。它不仅概括了夏商以来中国政治思想的精华，而且开启了中国政治文化对于人的存在的自觉认识的新的历程。

从周人历史上看，周族长期作为臣服于夏、商两代的一个地方政权，为了谋求自身的生存与发展，从公刘开始，历经古公亶父、季历、文王等首领，在其创业过程中，皆能积德行义，笃仁行孝，敬老慈少，礼贤下士，注重倡导道德，管理教化民众。特别是文王，尤能遵后稷、公刘之业，守古公亶父、季历之法，积善累德，诸侯皆向之。周公也是"自文王在时，旦为子孝，笃仁，异于群子"①。应该说，周代德政，是周人重德文化长期熏陶与发展的必然结果。

不过，周王朝以德治国思想的升华与贯彻落实则是经周公之手完成的。探讨政治策略与政权兴亡的内在关系，是充分了解周公德治思想的一个重要途径。

西周以前，殷商文化基本上是一种神本文化。"殷人尊神，率民以事神，先鬼而后礼，先罚而后赏。"②殷墟卜辞所见，商王无论大事小事皆决于占卜，各种祭祀活动无日不有，包括对上帝、为数众多的祖先神、各种天神地祇的迷信笼罩着商代社会。然而，对于民众，商朝执政者却不加爱惜。在处埋现实人事与鬼神的关系时，他们首先考虑的是鬼神的意旨。为此，他们不惜花费大量的人力物力去从事敬奉鬼神的活动，甚至残民以事神。商王朝的灭亡，宣告了神权政治的失败。周人眼见受殷人顶礼膜拜的上帝及各色神祇并未能保住商政权的统治，相反，倒是因为统治者对各种人事关系的处理不善，尤其是对民情的漠视，导致了商王朝的覆灭。严酷

---

① （西汉）司马迁撰：《史记》卷 33《鲁周公世家第三》，第 1515 页。
② （西汉）戴圣编：《礼记》《表记第三十二》，第 197 页。

的现实让周初统治者明白了这样一个道理：绝对相信上帝的庇护是不行的，仅仅依靠对鬼神的祭祀和匍匐跪拜也是不能保住自己的统治的，要想巩固自己的统治，必须注重民众对自己的支持。周公对其弟康叔封教诲说："天畏棐忱，民情大可见，小人难保。"①他说，天的威势并非一定可靠，民情才是大可让人重视的，民众的利益应该得到有效的保障。如果不注意这些，那就会"早坠厥命"，失去统治能力的。正是在这种情况下，以周公为代表的周初统治者提出了"德""礼"并行的主张，注意在政治实践中贯彻以德礼治国的政治理念。

在周初统治者的眼中，"德"是为了"保民"而对执政者提出的一种硬性政治要求。周人认为："皇天无亲，惟德是辅。民心无常，惟惠之怀。"②上帝只将天命交给有德、爱民之人。

总之，在以周公为代表的周初执政者的认识中，统治者只有"从民欲""迪民康"与民"胥保惠"，才能达知天命，进而保有自己的统治。为此，周公不惮艰辛，以身作则，并致力将敬德保民思想一步步制度化与实践化。

前人称颂周公制礼作乐，说礼乐全部出自周公一人之手，那自然是一种理想夸大之语，但西周以周公为首的政治家确实曾以很大精力致力于对夏、商旧礼的改造，使之适应于周

---

① （春秋）孔子编：《尚书》《康诰》，第146页。
② （春秋）孔子编：《尚书》《蔡仲之命》，第196页。

朝的德治和宗法统治，则是无可置疑的。孟子说："禹恶旨酒而好善言。汤执中，立贤无方。文王视民如伤，望道而未之见。武王不泄迩，不忘远。周公思兼三王，以施四事，其有不合者，仰而思之，夜以继日。幸而得之，坐以待旦。"[①]"思兼三王"，就是对三代礼制进行综合损益；"施四事"，即施行禹汤文武所行道德之事。周公谥称为"文"，周朝以"尚文"即崇尚礼节著称，其后孔子称赞"周监于二代，郁郁乎文哉，吾从周"[②]。所有这些，都表明了以周公为首的周初统治者对于礼乐的倾注。周朝统治者从专注于鬼神世界转向专注于现实社会和体察民情，从神权政治转向德治与礼制，这不能不说是商周之际中国思想观念的一大变化，是中国政治思想史上的一次大的飞跃。可以认为，西周的制度与文化奠定了后世中国传统政治与文化的基础。

历史表明，周人对天帝的崇拜，并非是消极地供奉一个消灾祈福的神灵，而是赋予它主宰人间万物的神性。在周初统治者看来，他们宣扬的天命思想就是天帝神性的表现。这样，周人的宗教思维经过天神的中介便出现了一道神秘的幽光，反过来照射着自己在探索治国理政奥秘的心路历程。在这个探索过程中，周人丰富了自己的宗教理论，这就是以天命无常与有常相统一为其基本内涵的天命思想。

---

① （战国）孟轲著：《孟子》《离娄章句下》，第141、142页。

② （春秋）孔子著：《论语》《八佾篇第三》，第22页。

　　天命思想从来都是统治阶级解释历史演进和现实治道的理论工具。在周初统治者看来，历史的发展、王朝的更替，都是由天命即天帝的意志所决定的。历史上夏王朝的建立是由于接受了天命，后来天命转移，殷革夏命，于是夏王朝灭亡，商王朝兴起。迄至殷末，"天惟式教我用休，简畀殷命，尹尔多方"[①]。有周代殷作"民主"，也是因为天命转移到了周人身上，是上帝所作的公正的裁定。《诗经·大雅·文王》说："穆穆文王，于缉熙敬止。假哉天命！有商孙子。商之孙子，其丽不亿，上帝既命，侯于周服。侯服于周，天命靡常。殷士肤敏，祼将于京。厥作祼将，常服黼冔。王之荩臣，无念尔祖。"[②]此处的"天命靡常"与《尚书·康诰》中的"惟命不于常"，都是说天命并非一成不变，永远归付一姓一王。殷人"侯服于周"乃是"上帝既命"即天命变化转移的结果，故"殷士肤敏"，只得恭承天意"祼将于京"。可见"天命靡常"并不表明周人在根本怀疑天的意志，也不表明周人对殷遗民忌讳这个说法，它实际上不过是周人天命转移论的别义语而已。

　　"天命靡常"固然强化了周人对"汤武革命"的合理性解释，然而这个命题本身却隐含着一个新的疑问，"天命靡常"是否对周人也适用？亦即代殷作"民主"的周人是否同样会面临天命转移的危机？"侯服于周"的殷士不曾问及这个

---

①　（春秋）孔子编：《尚书》《多方》，第200页。

②　（春秋）孔子编：《诗经》《大雅·文王》，第210页。

问题，或因"此辈殷多士中似鲜忠烈之人，方救死之不暇，不特不敢作此问，恐亦无心作此想"[1]。但在这个问题上，周公却表现出一种难能自觉的忧患意识，进而提出了"天命不易""天不可信"的思想。这在《尚书·君奭》篇中有比较集中的反映。周公认为，"皇天无亲，唯德是辅"[2]。天命的转移依据一个"德"字来进行，"敬德"者得天下，"丧德"者失天下。天命既以德为依归，周人要确保自己膺受的天命，自然就不能不高扬"敬德"的旗帜。

值得注意的是，西周文献中反复强调的"德"主要指的是周王的政行。如《周书》中强调天子要敬德、用德，否则天命难保。《尚书·召诰》说："肆惟王其疾敬德，王其德之用，祈天永命。"而有夏与有殷皆因"惟不敬厥德，乃早坠厥命"[3]。周人在这个意义上应用的"德"主要涵盖王的行为，把周王的德视为导致政治得失的根源，在逻辑上使德与王融为一体，因此《召诰》有"其惟王位在德元"，意为居王位必须首先有德。

周初统治者在对夏、商、周三代政权变革的反思中，认识到了统治者自身行为得失才是政权转移的关键因素。夏亡商兴，是由于夏朝统治者为政不行善德所致。夏朝"自孔甲以

---

① 傅斯年著：《性命古训辩证》（下），商务印书馆1947年版，第12页。

② （春秋）左丘明撰：《左传》卷5《僖公五年》，第48页。

③ （春秋）孔子编：《尚书》《召诰》，第167页。

来而诸侯多畔夏，桀不务德而武伤百姓，百姓弗堪"①。商汤
从夏代灭亡的教训中，认识到了为政要勤于民事，有功于民，
才能持有天命，巩固政权，故他说："毋不有功于民，勤力乃
事"，"古禹、皋陶久劳于外，其有功乎民，民乃有安"，"后
稷降播，农殖百谷。三公咸有功于民，故后有立。昔蚩尤与
其大夫作乱百姓，帝乃弗予，有状。先王言不可不勉。"②由
此可见，统治者能否实行有德于民的政治策略，才是一个政
权兴亡的根本因素。周公在总结商亡周兴的原因时认识到，
商朝的灭亡是由于其统治者为政实行残暴统治和腐败淫虐所
致。商朝先王盘庚和武丁，由于为政不敢"自荒兹德""不
敢动用非德"，注重"用德彰厥善"③，"式敷民德，永肩一
心"④，所以商代政权得以稳固兴盛。但是，自商王祖甲以
后，"不知稼穑之艰难，不闻小人之劳，惟耽乐之从"⑤，政
权因以衰落。特别是商纣王，为政重用奸佞，残害贤人，滥
施酷刑，不闻民苦，横征暴敛，荒淫无度，最终导致政权的
覆灭。而周王朝的兴立，在于周人实施了重视德治的政治策
略。特别是周朝的奠基者周文王，在其政治活动中，提倡惠
和，选贤任能，注重民生，减轻税赋，奠定了灭商的基础。

---

① （西汉）司马迁撰：《史记》卷 2《夏本纪第二》，第 88 页。
② （西汉）司马迁撰：《史记》卷 3《殷本纪第三》，第 97 页。
③ （春秋）孔子编：《尚书》《盘庚上》，第 79、81 页。
④ （春秋）孔子编：《尚书》《盘庚下》，第 89 页。
⑤ （春秋）孔子编：《尚书》《无逸》，第 184 页。

故周公说："文王卑服，即康功田功，徽柔懿恭，怀保小民，惠鲜鳏寡。自朝至于日中昃，不遑暇食，用咸和万民。文王不敢盘于游田，以庶邦惟正之供。"① 由于文王为政"礼下贤者，日中不暇食以待士"，"积善累德，诸侯皆向之"②，最终武王得以推翻商朝政权。"纣作淫虐，文王惠和。殷是以陨，周是以兴。"③

周初统治者的"敬德"为政观念，主要可以概括为如下几个方面。

第一，"知小民之依"。《尚书·无逸》篇载周公说祖甲"爰知小人之依，能保惠于庶民，不敢侮鳏寡"④。此"依"同衣，隐也，义为隐痛。周公是说人君要能够体察民生隐痛，爱护民众，并惠及那些穷苦无依的人。要"迪民康"⑤，即引导民众走上安康的生活道路。《尚书·泰誓》说："天视自我民视，天听自我民听。"又说："民之所欲，天必从之。"⑥ 此以民意为天意的主张正是周人德治观念的精髓。

第二，"明德慎罚"。《尚书·多方》说："乃惟成汤……以至于帝乙，罔不明德慎罚。"⑦《尚书·康诰》说："惟乃丕

---

① （春秋）孔子编：《尚书》《无逸》，第 184 页。
② （西汉）司马迁撰：《史记》卷 5《周本纪第五》，第 116 页。。
③ （春秋）左丘明撰：左传》卷 10《昭公四年》，第 243 页。
④ （春秋）孔子编：《尚书》《无逸》，第 184 页。
⑤ （春秋）孔子编：《尚书》《大诰》，第 136 页。
⑥ （春秋）孔子编：《尚书》《泰誓》，第 109 页。
⑦ （春秋）孔子编：《尚书》《多方》，第 198 页。

显考文王，克明德慎罚，不敢侮鳏寡，庸庸，祗祗，威威，显民。"①《尚书·吕刑》说："惟敬五刑，以成三德。"② 由此可知慎罚乃是明德最重要的体现。周人主张依法办事，不把统治者的个人意志强加于法律之上。同时统治者本身的行为也不能脱离法律的轨道，此即所谓"罔不克敬典"。谨守法律还要求"勿用非谋非彝蔽时忱"③。"非谋"指不善之谋，"非彝"谓不法之事。是说在执行法律的问题上人君一定要谨慎，不得采用不善之谋，不得做非法之事，以致蔽塞了国家贯彻法制精神的真实情形。周人坚持"慎罚"的原则，不仅有利于形成政治上的宽松环境，保障民众的生命安全，而且要求统治者不得恣意枉法，加强了对人君行为的规范化约束，有利于社会沿着健康的方向发展。

第三，"君子所其无逸"。这句话出自《尚书·无逸》篇。时成王年壮，周公恐其安于逸乐，荒废政事，所以告诫成王，劝其不可逸豫。史官记其言，命曰《无逸》。在周公看来，逸则国祚难保，如商王自祖甲之后，立王"生则逸，不知稼穑之艰难，不闻小人之劳，惟耽乐之从。自时厥后，亦罔或克寿。或十年，或七八年，或五六年，或四三年"。所以，周公要求"继自今嗣王，则其无淫于观、于逸、于田，以万民惟正之供"①，宵旰勤政，以民事为务。

第四，"立政其惟克用常人"。此语见于《尚书·立政》篇，为周公告成王官人之道的主旨。在周公看来，用人是否得当，实为关系国家兴亡的大事。夏桀"弗作往任，是惟暴德，罔后"；商纣"惟妇言是用，昏弃厥肆祀弗答，昏弃厥遗王父母弟不迪，乃惟四方之多罪逋逃，是崇是长，是信是使，是以为大夫卿士。俾暴虐于百姓，以奸宄于商邑"②。结果人神共怨，天命归周。故当政者应注重自己的道德修养。"继自今立政，其勿以憸人，其惟吉士，用劢相我国家。"这是"祈天永命"的正确路径。③

以周公为代表的周初统治者，在对历史的认识总结中，在亲身经历了殷周变革的社会变迁中，深刻认识到了德治政策与政权兴亡的直接关系，这就决定了他们为了巩固新兴的周朝政权，必然汲取历史与现实的经验教训，实施以德治国的大政方针。

周公以德治国的实践主要表现在以下几个方面：

第一，规范君德。

在周人看来，王之德具有多方面的要求，刘泽华将其归纳

---

①
② （春秋）孔子编：《尚书》《牧誓》，第114页。
③ 参见杜勇著：《〈尚书〉周初八诰研究》，中国社会科学出版社2017年版，第206—208页。

为十项内容：（1）敬天。（2）敬祖。（3）尊王命。（4）虚心地接受先哲的遗教。（5）怜小民。（6）慎行政，尽心治民。（7）无逸。（8）行教化。（9）做新民，即改造殷民，使其改邪归正。（10）慎刑罚。[①]这 10 项内容全面概括了周人之君"德"的内涵，从中可知，周人的王德主要在于处理好与天的关系、与民的关系、与祖先的关系以及处理好君主自身的修养关系。

第二，运用尊卑有序的政治道德原则，维护人们的社会等级关系地位。

宗法制度和礼乐文化的创建形成，确立了西周社会的政治道德原则，它将人们纳入了上下一统的尊卑有分、贵贱有等、长幼有序、轻重有别的社会存在关系之中。为了维护这一社会结构的巩固和运行，周政权依据人们的尊卑有分的地位关系，进行了制礼作乐的文化建构，确定了人们的社会职能和行为规范。

周代制礼作乐的文化建构，其内容主要有：畿服之制，规定了周朝中央与地方政权的等级关系；爵位之制，规定了贵族之间的等级关系；田赋之制，确定了西周的经济制度；礼仪之制，规范了人们的日常行为准则。礼乐制度的形成，不仅对人们的社会职能进行了严格的等级规定，而且对人们的行为准则进行了严格的规范。无论是在为国尽职上的社会

---

① 参见刘泽华著：《中国古代政治思想史》，南开大学出版社 1995 年版，第 9 页。

政治职能上，还是在祭祀、婚丧、服饰、宫室等生活行为上，不同的社会地位关系，皆有不同的等级规范准则，都贯穿体现了尊卑有分、贵贱有等的政治道德原则。礼乐文化制度的确立，是对人的存在的行为方式的主动设制，周代统治者智慧地运用了宗法制度和礼乐文化的尊卑有分的政治道德原则，明贵贱，辨等列，顺少长，维护了西周政权的巩固，推进了中国早期社会和谐有序的发展。

第三，推行慈孝友恭的伦理道德规范，规正人们的社会行为准则。

推行慈孝友恭的伦理道德规范，是周统治者德治思想的重要内容，它的目的在于维护宗法社会的和谐运行。由于西周初年天命神学的观念意识影响着人们对于社会的认识和行为，周政权的德治思想并没能完全超越天命神学的束缚制约，依旧运用天命神学的观念意识来论证并规正由现实社会体制所决定的人的伦理道德规范的至上合理性和神圣权威性。在周初执政者看来，父慈、子孝、兄友、弟恭等伦理道德规范，是上天对人们行为准则的合理规范，具有不可违背的天赋神圣性和至上公正性。亦即人道来源于天道，天道决定了人道。周政权推行慈孝友恭的伦理道德规范，在于将人们的行为纳入统一的准则之内，人们只有绝对地遵循这些天赋的道德规范，规正自身的社会行为，才是合乎上天的意旨。不遵守慈孝友恭的天赋道德规范，就要受到代天行道的统治者"刑兹无赦"的严厉惩罚。

第四，实施敬德保民的政治统治策略，保证政权的稳固与发展。

敬德保民的统治策略，是周代统治者德治思想的集中体现。作为社会政治和文化思想更新递进的时代精华，它的形成和实施，具体展示了周政权对于人的存在意义的积极追求。

周代以德治国思想与主张以周公为代表。他主张执政者治理百姓，应该恭敬谨慎，具有"徽柔懿恭，怀保小民，惠鲜鳏寡"①的仁德意识，在为政中要以慈仁宽厚、惠和恭义的道德来规范自身的行为。统治者要能够了解民众的困苦，保证民众的基本生存。周公指出："我有周既受。我不敢知曰：厥基永孚于休。若天棐忱，我亦不敢知曰：其终出于不祥。"②周公明智地意识到，天命的转移并不以统治者的意志为根据，而以是否合于民心为尺度。他说："弗永远念天威越我民；罔尤违，惟人。"如想稳固政权，执政者就要"克敬德，明我俊民"，"王其德之用，祈天永命"③。由于民心向背决定政权的兴亡，所以执政者只有不贪图享乐，"往尽乃心，无康好逸豫，乃其乂民。"④故周公称赞商王祖甲"爰知小人之依，能保惠于庶民，不敢侮鳏寡"，告诫成王要"先知稼穑之艰苦，乃

---

① （春秋）孔子编：《尚书》《无逸》，第184页。
② （春秋）孔子编：《尚书》《君奭》，第188、193页。
③ （春秋）孔子编：《尚书》《召诰》，第167页。
④ （春秋）孔子编：《尚书》《康诰》，第146页。

逸，则知小人之依"，要求为政要"无淫于观、于逸、于游、于田"，不要过分贪图安逸享乐，而要学"文王卑服，即康功田功"，与民众打成一片；对于臣民不可横征暴敛，而要减轻贡赋负担，"以庶邦惟正之供"①；只有勤于政事，体恤民情，才能拥有天命政权。更重要的是，官吏的选用，也要以是否有德为标准。尽管西周的宗法制度有着世禄世职的规定，但周公仍然指出要选用有德之人。周公在总结历史经验与教训中认识到，桀、纣政权的覆灭，在于他们的统治集团多无德之吏，不能为政以德，"不克明保享于民，乃胥惟虐于民，至于百为，大不克开"②，因而"是惟暴德，罔后"。而文王之所以能够创立灭殷根基，就在于"文王惟克厥宅心，乃克立兹常事司牧人，以克俊有德"，所以散宜生、姜太公等一大批贤臣能够以德辅助周王朝的创建。因此，周公指出，从今以后，继位君王设立官员，必须任用贤能善良的人，"继自今后王立政，其惟克用常人"，凡是"克俊有德"的贵族贤明之人，都要"用劢相我国家"③。以德治国，统治者还要实施明德慎罚的策略。周公多次指出，文王之所以能够拥有天命，就在于他实行了"明德慎罚"的统治策略。周公强调，执政者要加强自身的道

① （春秋）孔子编：《尚书》《无逸》，第 184、182、186、184 页。
② （春秋）孔子编：《尚书》《多方》，第 198 页。
③ （春秋）孔子编：《尚书》《立政》，第 204、206、208 页。

德修养，"王敬作，所不可不敬德"①；要多学习多思考，"惟圣罔念作狂，惟狂克念作圣"②，只有修养道德，有德于民，才能巩固政权。只有推行德教，民众才能认识到自身的行为规范，遵守伦理道德准则，社会才能和谐有序地运行发展。唯有明德慎罚、恩威并施、宽严并济的重德策略，民众才能服从管理，自觉规范自身的行为，国家才会得以稳固发展。

第五，将"慎罚"与"明德"并列，德为根本，罚是补充。

鉴于殷代滥刑乱罚招致民怨民叛的经验教训，周公对刑罚的原则也作新的阐发，提出以善用法，以德施刑，并将"慎罚"与德并列。德为根本，罚是补充。在用刑问题上，周公强调了如下几点。

其一，要依据成法成典用刑。《尚书·康诰》说："敬哉！无作怨，勿用非谋非彝。"③周公强调按"常典""正刑"用刑，以纠殷纣王滥刑之偏，这对稳定民心有重要作用。

其二，用刑要注意犯罪者的态度。《尚书·康诰》说："人有小罪，非眚，乃惟终；自作不典，式尔，有厥罪小，乃不可不杀。乃有大罪，非终，乃惟眚灾，适尔，既道极厥辜，时乃不可杀。"④意思是，一个人犯了小罪，但他不知反省，还坚持不改，继续顽固下去，这样，即使罪不大，也必

---

① （春秋）孔子编：《尚书》《召诰》，第167页。
② （春秋）孔子编：《尚书》《多方》，第200页。
③ （春秋）孔子编：《尚书》《康诰》，第151页。
④ （春秋）孔子编：《尚书》《康诰》，第147页。

须把他杀掉。相反，一个人犯了大罪，知道悔罪，而且又不是故意犯罪的，便可以宽恕不死。

其三，用刑原则在于使民众心悦诚服。《尚书·康诰》说："乃大明服，惟民其敕懋和。"[1]用刑使民心服，民就会安于本分，勤劳从事，不犯法。

其四，谨慎刑决。判决时切忌匆忙，要多考察一些时候。《尚书·康诰》说："要囚，服念五六日，至于旬、时，丕蔽要囚。"[2]意思是判决罪犯时，谨慎思考五六天乃至十天、三个月，以免出现差错。

其五，对于不从王命，寇攘奸宄，杀人越货，不孝、不友，违法之官吏等等均应严加处刑，以刑去刑。[3]

周公的敬天、明德、保民、慎罚等行政治理思想显然是为优化现存秩序，维护周王朝统治利益而设置，其基本政治取向是维护周天子及各级诸侯官吏的政治权威。但周公能够高瞻远瞩，大胆创新，在建立周王朝的官方意识形态与一系列配套的政治制度时，用高度的政治智慧将各种政治规范归纳为德，统一于道，通过道德的哲理化，王的君权神授化和先王之道的系统化、完善化，形成了一整套理想的政治准则，这是创先人所未创，大大有益于中国政治及文化的发展。从

---

① （春秋）孔子编：《尚书》《康诰》，第148页。

② （春秋）孔子编：《尚书》《康诰》，第148页。

③ 参见刘泽华、葛荃主编：《中国古代政治思想史》，第7—8页。

周公开始，有关民本的政治思维模式始终占据了历代统治思想的主流位置，周公的开创之功不可没。

周公德治思想及其实践，开启了中国政治以德治国的先河，开启了中国文化对于人的存在的自觉认识历程，表明了周初统治者在对天、人、德、政的关系认识中，发现与运用了人的存在的道德特征，认识到了人的道德存在在国家政权兴衰存亡中的重要作用。

周政中的德治思想，在中国政治和文化的发展史上具有十分重要的价值。它推进了中国传统社会和文化的道德精神特征的形成，促成了中国政治体制与道德规范的融汇合一，构筑了中国社会的政治与伦理相结合的治理范式，形成了天下一家、社会一统的结构特征，这对于中华民族的融合和发展，无疑产生了深远的凝聚向心作用。①

二、"用康保民"

中国古代关于重民的思想出现得很早。《尚书·五子之歌》中说："民可近，不可下，民惟邦本，本固邦宁。"② 这应该

---

① 参见孙聚友：《论周公的德治思想及其文化价值》，《天津社会科学》1997年第6期。

② （春秋）孔子编：《尚书》《五子之歌》，第51页。

是中国最早有文献记载的"重民"思想。《左传·桓公六年》中也说:"夫民,神之主也。是以圣王先成民而后致力于神。"①据《尚书·盘庚》记载,商朝第二十位君王盘庚已提出不能过度剥削民众的主张。该文中出现了"重我民""罔不惟民之承""施实德于民"及"视民利用迁"等文字,这表明商代的最高统治者已开始觉察到民众的重要性。但是,综观有商一代,由于天命论的盛行,其最高统治者始终相信自己的权力是上帝赋予的,因此根本不用考虑民众的愿望与要求。他们对民众的反抗,也总是采取残酷镇压的方式。就拿商王盘庚来说,他虽然也提出要"重我民",但在动员民众迁都时,还是动辄以上帝的意旨来威吓民众,宣称谁不和他同心,就是违背上帝的意旨,就会受到惩罚。他威胁说,谁要是不服从他的统治,为非作歹,他就要"劓殄灭之,无遗育,无俾易种于兹新邑"②。

周武王、周公等周初统治者在灭商的过程中,有意识地以民意和天命相统一,为推翻商王朝的统治做舆论上的准备。

周公从商亡周兴的历史事件中,尤其是从商纣军队中大批奴隶临阵倒戈而直接导致"大邑商"覆亡的残酷事实中,感受到了民众的力量。因此,周公较深刻地意识到保护民众利益和注意民众呼声的问题。在周公所作的《大诰》《康诰》

---

① (春秋)左丘明撰:《左传》卷2《桓公六年》,第17页。
② (春秋)孔子编:《尚书》《盘庚中》,第86页。

《酒诰》《洛诰》《无逸》《梓材》《多士》《无逸》等诸诰中，"民"字频繁出现，"保民"的思想成了其德政的核心内容。"保民"就是其德政的具体体现，离开"保民"，就谈不上施德政。

出于对天命论的怀疑，周公提出了要考虑民情、民意来治理国家的思想。他在《酒诰》中用"人无于水监，当于民监"的名言来告诫康叔要注意了解民意。在《召诰》中，他提出了"用顾畏于民岩"①的警告。意思是说，要畏惧民众的反对。这一卓绝的见识在中国的政治思想史上发生了深远的影响。

由于殷周之际天命论统治地位的确立，周公还不可能完全抛开天命来论述保民问题，因此他把保民与天命结合起来，提出了"天畏斐忱，民情大可见"②的著名"重民"观点。周公在东征之前说过"今天其相民"③的话。意思是说，上帝是帮助老百姓的。按此逻辑，保民就可永续天命。因此，他对胞弟康叔说："惟命不于常，汝念哉！无我殄享，明乃服命，高乃听，用康乂民。"④意思是说，天命是可以变化的，你一定要记住啊！不要因为没有把国家治理好而绝了社稷。要努

---

① （春秋）孔子编：《尚书》《盘庚中》，第166页。
② （春秋）孔子编：《尚书》《康诰》，第146页。
③ （春秋）孔子编：《尚书》《大诰》，第137页。
④ （春秋）孔子编：《尚书》《康诰》，第152页。

力履行你的责任，经常听取我给你的教导。只有把民众治理好了，我们的国家才能得到安康。

从维护政权的长治久安着眼，周公把"保民"作为其施行德政的首要任务。他不厌其烦地谆谆告诫年轻的统治者们，要把保民作为一项重要职责。在《康诰》中，他对康叔提出了"乃服惟弘王应保殷民"，"若保赤子，惟民其康乂"[①]等要求。在《梓材》中，他对成王提出了"欲至于万年，惟王子子孙孙永保民"[②]的要求。在《召诰》中，他又对成王说："欲王以小民，受天永命。"[③]

"保民"是周公提出的一个新的政治概念，从他在《尚书·康诰》中反复讲"用保乂民""用康保民""应保殷民""惟民其康乂""裕民""民宁""天畏棐忱，民情大可见，小人难保"即可以得到证明。

"乂民"即治民。"保民"与"乂民"相近，但又不同。《说文》：保，养也。"畜"小作养。《尚书·盘康》中有"畜民""畜众"之说。"保民"当是"畜民""畜众"的发展。"保民"又延伸出"养民"等不同说法。

"保民"的基本政策是"明德慎罚"，但更重要的是强调治民的态度。周公提出要把民的痛苦看成自己的痛苦一样，

---

① （春秋）孔子编：《尚书》《康诰》，第 146、148 页。

② （春秋）孔子编：《尚书》《梓材》，第 161 页。

③ 参见辜堪生、李学林著：《周公评传》，第 121—123 页。

加以重视。他说："恫瘝乃身，敬哉。"① 恫，痛。瘝，病。连同上下文，大意是把民的苦痛视如在己身一样，要格外注意保养。

夏商亡国的历史经验告诉周初统治者，不关心民之疾苦，就会引起民叛。周公认为只有像对待自己的苦痛那样，去进行治理，才可能使统治地位得到稳定。这里不单是出于同情心，而是治理国家理念的转变。

周公一再告诫他的子弟臣僚，要约束自己的心思和行为，"无作怨，勿用非谋非彝"②。不要作怨于民，不要有不好的思想，不要干违法的事，如统治者自己行为不规，必然上行下效，导致国家大乱。

怎样才能"保民"呢？周公告诫群臣子弟，不要贪图安乐，切忌恣意妄为，要谨慎从治。《尚书·无逸》说："治民祗惧，不敢荒宁。"③《尚书·康诰》说"：无康好逸豫。"④ 另一方面，还要体察民情，"知稼穑之艰难"。"知小民之依。"依，同依，隐也，即隐痛、疾苦。对民人的疾苦不可置之不理，要予以重视和关怀，特别对孤寡老人，应另加照顾，如周公说："怀保小民，惠鲜鳏寡。"⑤ 鲜，善。惠鲜，也就是

---

① （春秋）孔子编：《尚书》《康诰》，第 146 页。
② （春秋）孔子编：《尚书》《康诰》，第 151 页。
③ （春秋）孔子编：《尚书》《无逸》，第 183 页。
④ （春秋）孔子编：《尚书》《康诰》，第 146 页。
⑤ （春秋）孔子编：《尚书》《无逸》，第 182、184 页。

爱护之意。①

　　周公的"保民"思想，对后世中国政治产生了重要的影响，秦汉以来的政治文化，基本上是贯彻着周公以来的保民、民本传统的。

---

① 参见刘泽华著:《中国政治思想史集》第1卷,先秦政治思想史,人民出版社 2008 年版, 第 29—30 页。

第八章　周公创制与后世中国

公元前11世纪，周灭商后，周政权在伟大政治家周公旦带领下大胆创新，先后实行分封制、宗法制、礼乐制，将商王朝的殷民部落分散迁徙各诸侯国家，同时放弃商王朝的崇神政治，以民为本，高举以德治国的旗帜，建立起了一个完全不同于前代的新的政治文明体制，形成了家国同构、多源一统、天下一体的国家政治与天下观念，这是中国早期政治文明发展的又一个高峰。经过成康时代的建设，分封制、宗法制、礼乐制全面确立，中国王权政体从此进入君权政体时代，邦国制转型到了封建制，这标志着早期中国人对大一统政治的探索进入了一个新的发展阶段。《诗经·小雅·北山》中说："溥天之下，莫非王土；率土之滨，莫非王臣。"这一诗句，充分体现了早期人们心目中的大一统观念，后来不断被世人频繁引用，成为国人所信奉的一种普遍的政治信条。

一、周文化的特色

周公治理国家的核心特征可以集中概括为四个方面：（1）农业文明基因。（2）伦理本位风尚。（3）以礼治国模式。（4）以德安邦思维。

从西周到春秋的中国社会，其基本特点是宗法性社会。这个"宗法性社会"是以亲属关系为结构、以亲属关系的原理和准则调节社会的一种社会类型。在这个宗法社会中，一切社会关系都被家族化，宗法关系即是政治关系，政治关系即是宗法关系。故政治关系以及其他社会关系，都依照宗法的亲属关系来规范和调节。在这种关系社会中，人们重礼仪而不重视法律，重义务而不重视权利。虽然至春秋后期，政治领域的宗法关系解体，但社会层面的宗法关系却依然存在，宗法社会养育的文明气质和文化精神被永久性地复制下来，成为中华民族的基本文化基因。中外历史表明，在世界上有过宗族性的血缘组织的民族不乏其例，但像中国周代文明社会中所见的宗族组织与政治权利同构的情形，却实属罕见。政治身份与宗法身份的合二为一，发展出一种治家与治国融为一体的政治形态和文化传统。

从周文化的气质来看，集中表现为重孝、亲人、贵民、崇德。重孝不仅体现为殷商的繁盛的祖先祭祀，在周代礼乐文化中更强烈表现出对宗族成员的亲和情感，对人间生活和人际关系的热爱，对家族家庭的义务和依赖。这种强调家族凝聚力、向心性的文化心理，体现出周人对自己和所处世界的一种价值态度。从而，这种气质与那些重视来生和神界，视人世与人生为纯粹幻觉，追求超自然的满足的价值取向有很大不同，更倾向于积极的、社会性的、关心家国天下的入世济世的人生情怀。

周文化十分注重道德文明建设。

中国文化经过周公的努力，在西周时期已形成"敬德""重德"的基因，表现在人们的日常行为上，就是对事物的道德评价格外重视，显示出德感文化的醒目色彩。这种色彩体现为崇德贵民的政治文化、孝悌和亲的伦理文化、文质彬彬的礼乐文化、天人合一的宇宙观念、远神近人的人本取向，等等。作为夏、商、周三代的中华文明智慧的结晶，"六经"是中华文明的原始经典。其中凝结着中华文明早期形成、发展的历史智慧和主流价值，如敬德、保民、重孝、慎罚、协和万邦、修齐治平，体现了中华文明历经夏、商、周一千多年甚至更久远发展所累积的政治智慧、道德观念、审美精神以及价值取向，成为此后中国文化发展的本源。

历史表明，中国是在原始社会末期氏族部落联盟时代聚合成一个政治共同体后逐渐迈入文明门槛的。这使得中国传统的政体演进是呈阶梯式步步提高的，先后经历了氏族部落联盟共主政体、夏商时代的王权政体、周代的君权政体与秦帝国至清亡的皇权政体。在这阶梯式演进中，首先迎来的就是基于氏族部落通过共主聚合为一个共同体的共主政体时代。夏王朝虽然开启了王权政体时代，但由于组织化程度很低，显得很粗线条，商王朝是这个政体的继续和发展。王权政体的最大特点在于：中央集权是基于称王的部族对其他部族的聚合，形成以王畿为中心的四方共主格局而确立的。夏商的政治体系与周王朝在全面分封制基础上形成的政治体系完全不同。周王朝将君权政体建立在血缘宗法制度基础之上，以贵族制为支撑体系。随着分封制的全面确立，王权政体时代也就进入到君权政体时代，王权政体被君主政体所替代。与此相应，以万邦共主为机制的大一统开始向以家国同构的宗法制为机制的大一统演进。春秋时代出现的诸侯割据是这种君主政体不完善的产物。春秋末年，大国诸侯还在鼓吹尊王攘夷。但到战国时代，各国诸侯，都将寻求天下统一，将重建大一统格局作为其最基本的政治理想。由此可见，早期中国在迈入文明门槛，开始国家发展历史进程的时候，就是将建立大一统的格局作为国家的理想与使命的。

周代政治与文化是中国古代政治制度和思想文化发展史上的奇峰，对中国文明产生了永久性的影响。在秦帝国建立以皇权为核心的中央集权政体之前，先秦制度史已经先后经历了以"共主"为表征的氏族部落联盟共主时代、王权政治时代以及基于血缘宗法制度所确立的君主政体时代。许倬云先生在《西周史》中比较系统地揭示出夏、商、周政治创造者们在三个方面所作出的最重要的政治文明成就：一是建立华夏国家；二是建立了封土封民，构筑以"族"为单位的国家共同体的分封制；三是确立了与宗法社会相匹配的完整礼乐制度。这三大成就都在周王朝周公的辅政时期得到了基本的实践，人们亦往往将其视作为"周制"的具体内容与核心特征。

二、周秦制度与后世中国

"周制"因为其漏洞与弊端无法解决而最终被"秦制"所替代。

"秦制"是通过用"郡县制"替代"分封制"，用"官僚制"替代"贵族制"，用"书同文、车同轨"式的中央集权终结诸侯割据而建构起来的一套更加适合中国国情的政治管理模式。

不过，我们必须看到，"秦制"的出现丝毫没有降低"周制"在传统中国政治文明发展中的地位与影响。这是因为，源于夏、发展于商、成熟于周的宗法制度与礼乐制度并没有随周王朝的灭亡而消失。相反，它转化成为中国国民心理与国民行为的共同价值观念与日常生活中的行为习惯，成为中国传统国家支撑制度、运行治理的根本之所在。孔子论礼中讲清楚了这个重要性，礼也由此成为历代治国者必须遵循与重视的治国基础与法则。他说："夫礼，先王以承天之道，以治人之情，故失之者死，得之者生。《诗》曰：'相鼠有体，人而无礼，人而无礼，胡不遄死？'是故夫礼，必本于天，殽于地，列于鬼神，达于丧、祭、射、御、冠、昏、朝、聘。故圣人以礼示之，故天下国家可得而正也。"[①] 由于宗法制度与礼乐制度完全嵌入到中国的文化习俗、社会组织以及国家治理之中，全面协调着人与人、人与自然、人与社会、人与国家、人与天地鬼神之间等等的关系，所以，它"就构成了中国宗法社会的基本伦理观念、组织结构和行为准则，也确立了中国文化的传统"[②]。

周制创造了中华文明曾经一度的辉煌。

周公治国，以周制为基础所形成的周王朝政权确立在宗法封建制度的基础上，将政权与血缘、国家与家族之间的关系实现了完美的结合。在宗法制度下，族权的权力，一方面来自家族的地位，另一方面来自家族所霸据的天下大小。于是，以封土封民的方式推动家族内部力量霸据天下，并平衡家族内部权力秩序与权力关系，就成为周代政权与族权结合的必然制度选择。但这个制度既是家族霸据天下的制度，也是家族内部割据天下的制度。因为，它是以家族内部族权的自然分化、分立为基础的，而以族权体系为合法性基础的周代政权是无力用自身的力量去解决这其中的矛盾的，唯一的办

---

① （西汉）戴圣编：《礼记》《礼运第九》，第 75 页。
② 葛兆光著：《中国思想史》第一卷，复旦大学出版社 1998 年版，第 108 页。

法就是改变这种霸据天下机制与权力配置模式。所以，当春秋战国时期，天子权威下降，天下秩序大乱时，诸侯一面继续遵从周制保证自己权力的合法性，另一面则放弃周制霸据天下的方式，开始探索新的制度，即用郡县制替代分封制，用官僚制取代贵族制，派官员驻守新领地，逐步减少给家族内部力量封土分民，从而逐渐弱化血缘与宗法制度在国家权力组织和国家治理中的主导作用。这是后来一统天下的秦制得以实践和发展的重要历史与社会基础。

春秋战国时代，随着周制弊端的逐渐暴露，以"士"阶层为代表，纷纷探索与寻求政治治理的最佳方案。其中，儒家、法家、墨家、道家等诸子影响最大。到战国中后期，先后形成了齐国稷下学宫的"黄老学派"与秦国相邦吕不韦组织门客编著《吕氏春秋》为代表的整合力量，他们的天下一统的政治主张，为即将出现的以皇帝制度、郡县制度为特征的大一统国家政权在政治理论上做了充分的准备。

秦制是在周制的基础上脱胎而来的。秦制源于战国时代天下统一的需要。与周制的使命一样，秦制就是创造大一统的家国天下，但两者的取向却完全不同。周制是从族权逻辑出发，而秦制则是从政权逻辑出发的。与此相对应，推动周制成长的背后力量是礼制及其所形成的贵族势力；而推动秦制成长的背后力量则是法家理论以及急于打破旧秩序的以士阶层为主力的官僚力量。因此，相对周制来说，秦制无疑是革命性的。这决定了秦制的确立过程，不仅是制度替代的过程，而且是用君王和官僚的权力结构替代君王和贵族的权力结构的过程。这个过程通过秦统一中国，建立皇帝制度而得以最终完成。正如周制所形成的家天下有内在的矛盾一样，秦制所形成的家天下也有内在的矛盾。前者的矛盾导致空间上的诸侯割据，后者的矛盾是导致了时间上的朝代更替。

从一开始，中国早期政权就是完全建立在家族统治的基础之上的。这决定了秦制与周制所赖以存在的社会性质与基础结构的一致性，即宗法社会。所不同的是，周制直接将宗法社会的宗法制度上升为国家政权建构的制度基础，从而将政权与族权结合一体；秦制没有否定宗法社会与宗法制度，否则，它就不可能确立家天下制度。但秦制政权建构又在很大程度上超越了宗法社会与宗法制度，最重要的体现就是除了皇帝制度之外，国家政权不是靠家族来治理的，而是靠官僚来治理的，从而使得家族的社会地位不能直接转化其在国家治理中的权力地位。这样，基于封建制必然形成的贵族阶级与贵族统治就逐渐被基于官僚治理国家所形成的官僚制度所取代。秦制正是依靠这样的制度，建立了比周制更具统一性和牢固性的家天下格局。

然而，因为秦制毕竟是从周制脱胎换骨而来。秦制创造了中央集权的高度统一以及相应的强大皇权，但它从诞生的那天起就使得秦始皇用秦制统一中国时所追求的"万世一系"变成黄粱美梦。这是因为，秦制在用官僚制替代贵族制的时候，就使得"万世一系"失去了赖以存在的社会基础。正是这种家天下的内在矛盾，使得国家权力可以被某一个家族所掌控，但不可能永远掌控在一个家族的手中。国家权力的归宿和掌握一旦失去了血缘与家族的神圣性，国家权力自然就成为全社会的公器，在以家族为单位的宗法社会中，各家各姓都有权染指。中国是百家姓社会，任何一家一姓都拥有掌握皇权的权力与机会，因而谁家在有条件时都可以发出"王侯将相，宁有种乎"的挑战，表达"彼可取而代也"的宏志。所以在这套制度与治理体系下，皇权不可能为一家所万世垄断，必然是在百家姓之间流转，从而形成王朝更替。不同家族掌握国家权力，就会形成不同的朝代。但掌握皇权的任何一家，要想江山巩固，则必须拼命守住政权，而守住政权的关键，不在权力本身，而在能否赢得天下人心，而赢得天下的根本，除了人心之外，就是皇权能否赢得既有制度和治理体系蕴含的"正统"合法性基础。拥有了这种合法性基础，既能有效运行制度与治理体系，也能赢得广泛的民心。正是这种独特的政治传统与政治文化，使得传统国家的制度与治理体系，虽依赖皇帝制度而运行，但又能超越皇帝制度而存在，从而成为维系中国大一统格局的制度与治理体系。于是，朝代更替就成为秦制家天下的形式。这与诸侯分封与割据的周制家天下形成了鲜明对比。

秦始皇统一中国，建立了以皇权统治为核心，以郡县制和官僚制为主干的中央集权体制，并试图用这样的政权体制创造"万世一系"的家天下格局。然而，秦"二世而亡"。

汉承秦制，此后，秦制得以在中国延续了近两千年。从西汉贾谊总结秦二世而亡的历史教训来看，秦朝早亡的原因，不在于秦制本身，而在秦朝的施政，用贾谊的话说是"仁义不施，而攻守之势异也"，结果，一统天下的煌煌帝国，不经意间毁于一介草民陈涉之手。显然，秦朝不是亡于秦制，而是亡于暴政，亡于对周政成果的总结与继承的不够。秦的暴政固然与秦制有关，但更与秦始皇施政不施"仁义"有直接关系。秦不施"仁义"，一方面在国家统一之后，亟要用政权力量创立与巩固中央集权的新制度，消除被征服的六国残余势力的反抗，固守扩展好几倍的大国边疆这样的客观政治形势有关；另一方面也与秦制统一中国过程秉承的法家治国哲学有关，过于强调"法术势"在固权治国中的作用。正因为如此，秦亡之后而起的汉朝，继承秦制，但同时也参用周制，在政体上采用郡县与封国并存，在意识形态上则是"以道治国""以德治国""以法治国"同时参用，从而创造了汉初的"文景之治"。在这个过程中，汉承的秦制有意识地吸纳了周制中的封国制、礼治等政治体系及其背后的思想与原则。

然而，无论周制还是秦制，都重视人才与制度在治国理政中的地位和作用，而不重视宗教在国家治理中的地位和作用。

中国虽有原始宗教，但由于中国是以天地自然的法则来安排世俗权力的，是以宗法伦理来安排人伦关系与世俗生活的，所以，君王治国所要借助的智力支持，主要不是来自宗教力量，而是来自掌握天下国家之"道"的士人智慧。君王要治天下，就必须将其所掌握的"势"与士人掌握的"道"实现有机的结合。这种治国形态兴起于西周时期的"天人合一""敬天保民"观，发展于春秋战国时期的百家讨论，随后成为一种政治形态贯穿中国传统政治始终。秦制要得以巩固，必须解决一个问题，就是建构起应有的意识形态基础，获得充分的价值合理性。为此，秦始皇选择了法家哲学，汉初王朝选择了黄老哲学。这两套哲学立足点不是民情、民心与民生，而是君王的治国之策与客观形势所使然，所以，这两次选择都是从统治的需要和政权的巩固出发，而没有更多地从政权本身思考如何长久地立足于社会，深入人心，融入传统。这在客观上导致了汉武帝所进行的第三次历史性综合的努力，即同意董仲舒的"罢黜百家，独尊儒术"，为秦制配上以儒家为核心的意识形态系统。这个意识形态系统，相对于法家和黄老哲学来说，它立足于中国伦理本位的宗法社会，将宗法社会的伦理原则与家天下的皇权统治所需要的治国原则有机统一起来，相互衔接、相互协调，从而形成源于人性、立于人心、扎根社会、贯通国家的意识形态运行体系，创造了集修身、齐家、治国、平天下于一体的大一统的政治文化。在这样的大一统政治中，皇权真正之"势"，不是来自皇权本身，而是来自支撑皇权的"制"及其背后的"道"。秦制的实际运行者是官僚，在天下太平取决于"势""制"与"道"衔接有序的大一统政治格局下，官僚队伍的选拔及其管理，就成为王朝兴衰的关键。正因为如此，汉承秦制之后，一方面为秦制选择相应的意识形态系统，另一方面努力为秦制搭建其运行所不可少的选官体系，并力图实现两者的有机协调。

历史研究表明，不论是周制，还是秦制，都建立了相应的官制系统。直接反映周制形态的《周礼》，就是一部通过官制来表达治国方案的著作，并由此确立了以官制来表达制度体系、国家组织以及治理形态的中国政治传统。在这个传统下，国不可一日无君，同样，君不可一日无臣，君臣一体，是立政安国之本。所不同的是，在周制下，天子和诸侯以下的各官都是世袭的，称为世卿。到了春秋战国，随着士阶层的崛起，世卿制度开始动摇，举贤任能逐渐成为公认的治国安邦之道。秦统一中国过程中所确立的按军功授爵的原则，从根本上摧毁了周制的世卿世禄制，拉开了选官制度的序幕。汉承秦制之后，汉武帝在元光元年（前134年），开启每年一次的"举孝廉"活动，从而使选官成为制度性的安排，这一举动奠定了中国千年选官制度的基础。此后，历朝历代选官制度的完善与发展，就成为秦制完善与发展的重要内容，并成为秦制完善性和有效性的关键所在，以至于成为中国传统国家走向成熟的标志，不是皇权在制度上得以巩固的程度，而是选官制度得以系统化、制度化、规范化的程度。从这个角度讲，隋唐科举制度的确立，既标志着选官制度经历了汉代的察举制、魏晋南北朝的九品中正制之后终于定型于规范而系统的科举制，也标志着传统大一统政治所运行的"秦制"

达到了最成熟和完美的形态。辉煌的大唐盛世正是在这样的完美的制度形态基础上形成的。

今天，纵观人类所创设的各种政体以及相应的制度形式，制度得以巩固和完善的关键主要有两个：一个是制度能够与外部保持持久的互动关系；二是制度内部自身具有很强的自我修复与完善功能。由此来透视周制，不难发现周制在这两个关键点上都具有有效的因素，通过分封制、宗法制、礼乐制，周制将其意识形态有效地贯穿到人们的价值观念与日常生活之中，从而成功地实现了家国同构、天下一体、多源一统的制度与社会文化价值观念的转变，周王朝虽然灭亡，但周初统治者所开创的一系列封建制度以及春秋战国时期百家争鸣所形成的关心家国天下的国民意识却具有强大生命力并不断影响着中国后世的历史发展进程。所有这一切，都应该归功于大政治家周公的开创之功。

结　语　**周公治国论**

　　周公是周王朝重要的缔造者，周王朝所开创的一系列政治制度均与周公创制有着重要的关系。他认真汲取殷亡的教训，对于政道与治道皆有大胆的探索和创新，在此基础上，全面开创了中国封建制度之先河。

一、以民情视天命，全面开创人文新时代

　　周公对中国政治与文化的一大贡献，是他对天命思想的创造性诠释和发展。

　　周代商后，周初统治者即面临着一个亟待解决的重大政治课题，这就是对于周人国家的意识形态，如何实现从神本世界向人文世界的转变。

　　殷商时期盛行神权政治，依靠神威治理天下，宗教活动与政治活动糅合在一起，以致虚无缥缈的上帝意志支配着国

家机器的日常运转。

"殷商统治者人无分君臣，事无分巨细，时无分春秋朔望，地无分宗邑山河，不停地占卜，虔诚地祭祀，深信有命在天，到头来牧野一战，终究逃不脱亡国之祸。这件事情对新兴的周王朝教训太深刻了。周公面对现实，从中悟出了'天命靡常'的道理……比起殷人来，周人的占卜与对天神祇的祭祀确是少多了。"①商王朝灭亡之后，周人总结了商朝灭亡的教训，对人类社会发展的规律有了进一步的认识，认为决定国家存亡的根本并不是上天，而是人的德行，如果执政者德行出了问题，无论如何祭祀上天，也是没有作用的。因此，在周公摄政七年中，在处理政务上直接走向前台，不再像殷商时代那样事事都要占卜请示上帝。一方面，他尊重历史的惯性，继续高举君权神授的旗帜；另一方面，他则将主要精力寄托在周王朝统治者的勤政安民上面。在周公的言论中，上帝的权威得到了绝对的遵从。上帝被称之为"天"，周公不管讲到什么或做什么，都声称是天或上帝的意志和命令。然而，周公并没有简单地继承商王朝关于上帝至上权威的政治观念，而是有所修正，利用神权来抬高王权，从祈天永命到注重人事与制度建设，在此基础上建立了西周王朝自己的官方意识形态。

---

① 陈戍国：《中国礼制史》（先秦卷），湖南教育出版社2011年版，第188页。

从神本世界走向人文时代，这是一场深刻的文化转型，周初还没有抛弃上帝的历史条件，周公也不可能抛弃上帝，但他将上帝的代言权收归周天子之手，重新加以诠释，确立周王朝官方的意识形态。周公的理论既保存了上帝，又解释了朝代更替的原因；既把上帝继续当作政治的保护伞来满足人们精神世界需求与固化统治合法性的工具，又提出了要面向现实，注重人事，注重民情，注重施政，注重制度建设等现实需要的政治理念，从而满足了神、人两方面的要求。

二、开创以德治国新模式，敬德保民慎罚

周公对中国政治与文化的另一重要贡献，便是他对仁德政治的确立与扩大。

第一，周公明确提出"敬德"政治主张。

周公用"德"来说明"天"的意向，天惟德是选；用"德"的兴废作为夏、商、周三代更替的历史原因，有德者得天下，无德者失天下，有德而民和，无德而民叛。在此基础上提出了"敬德"的政治主张。

周公将德作为一个综合治理的政治理念，充分融信仰、道德、行政、政策为一体，这是对中国政治治理史的一项重要贡献。

第二，周公明确提出政在"保民"的施政主张。

　　"保民"是周公提出的又一个全新的政治概念。

　　"保民"的基本点是强调治民的态度。周公认为，以德治国，就是要体察民情，关心民生之疾苦，"知小民之依"①。统治者应把民众的痛苦视为在己身一样加以重视。周公指出，不关心民众的疾苦就会失去民心，严重者还会引发民叛，只有像对待自己的痛苦一样去对待民的痛苦，才能使执政者的统治地位安如磐石。为了达到保民的目的，周公告诫群臣子弟，不要贪图安乐，恣意妄为，要谨慎从治，惟民是赖。

　　第三，周公明确提出了"慎罚"主张。

　　鉴于殷代滥刑乱罚招致民怨民叛的残酷教训，周公对刑罚的原则也作了新的阐发，提出以善用法，以德施刑，并将"慎罚"与"明德"相并列，提出德为根本，罚是补充的新的施政主张。

　　周公在建立周王朝的官方意识形态与一系列配套的政治制度时，用高度的政治智慧将各种政治规范归纳为德治，统一于治道，通过道德的政治化，王的君权神授化和对先王之道的系统化、完善化，形成了一整套比较理想的政治准则，这是创先人所未创，开辟了中国政治"以德治国"的新模式，大大有益于中国政治及文化的发展。从周公开始，两千多年来，有关民本的政治思维模式始终占据了历代统治思想的主流位置。

---

① （春秋）孔子编：《尚书》《无逸》，第 182 页。

三、封邦建国，奠基华夏政治大一统格局

周公对中国政治与文化的第三个重大贡献，便是表现在他对中国封建制度的全面开创与奠基上面。

分封制度在周武王灭商后就已经开始，但真正大规模实施则在周公摄政时代。

东征胜利后，周王朝疆域较之殷商时代有了空前的扩大，周公根据现实具体情况，大胆创新，在武王初步分封的基础上，全面推行分封制度，彻底实现了华夏早期政治文明由部落制向邦国制的根本性的转变。

周王朝封建制度是由以分封制为基础的一整套庞大的政治体系构建而成的。它主要包括分封制、礼乐制度以及在此基础上建立起来的一整套详细而庞杂的宗法制度。西周封建制的意义，即在于通过这种分封制度，将周王室的统治势力扩展到过去达不到的地方，较好地解决了过去夏、商两代工朝所没有解决好的中央与地方之间的关系问题，弥补了夏、商两代所暴露出来的中央政府对地方力量控制十分薄弱的缺陷，彻底改变了周初那种不平等方国联盟的实体政治格局，把周王朝改造成为一个政治宗法化，以共同的政治利益为基础，以礼乐制度和天下一体文化观念为纽带，以周王为宗主的，宗族诸侯为主、异姓诸侯为辅的，同时又具有"夏夷"之辨意识的强大统一的王朝。

经过周公的封邦建国，各诸侯国与周王室的关系，已不

再是方国联合体时代的那种松散的成员与首领的胁从关系，而是一种新式的君臣统属关系，这就使得王权得到前所未有的强化，中华民族"溥天之下，莫非王土；率土之滨，莫非王臣"的"天下一体"的王权观念也由此产生。

四、制礼作乐，完善传统封建宗法制度

世所公认，制礼作乐与完善封建宗法制度，是周公一生的主要政治业绩之一。

周公的制礼作乐，实际上就是在汲取夏、商前朝政治经验教训的基础上建立起周王朝自己一整套政治文化制度。制礼作乐是对周人政治、社会文化活动等各个方面进行的一次比较全面的政治规范，更是对周王朝政治秩序和社会秩序的重建与固化。

后世儒家称周公"制礼作乐"，草创百制，把周初所有制度建设，都说成是由周公一手制定所成，这未免有吹捧、夸大之嫌。然而，不可否认的是，先秦典籍中确实多处记载有关于周公制礼作乐的事情。

作为执政者，周公非常重视对历史经验教训的总结和借鉴。孔子说："周监于二代，郁郁乎文哉，吾从周。"① 周公

---

① （春秋）孔门弟子编：《论语》《八佾篇第三》，第 22 页。

正是参酌夏、商两代政治文化成败得失，根据周王朝的实际
情况加以损益，删去陈腐、过时的内容，增添新鲜、实用、
合适的成分，在此基础上创造了灿烂、辉煌、丰富、精深的
周文化。这种对历史遗产采取"损益""扬弃"的科学态度，
正是周公"制礼作乐"的重要原则。

　　礼乐制度是周公对中国政治文化制度的一次飞跃性的革
新。王国维在《殷周制度论》中说："周人制度之大异于商
者，一曰立子立嫡之制，由是而生宗法及丧服之制，并由是
而有封建子弟之制、君天子臣诸侯之制；二曰庙数之制；三
曰同姓不婚之制。此数者，皆周之所以纲纪天下。其旨则在
纳上下于道德，而合天子、诸侯、卿、大夫、士、庶民以成
一道德之团体。周公制作之本意，实在于此。"[1]

五、结　论

　　夏曾佑说："周公集黄帝、尧、舜、禹、汤、文、武之大
成，其道繁博奥衍，毕生研之而不可尽，当别设专科，非历史
科所能兼也。"[2]确实，周公是中国政治和文化史上一位伟大
的人物。从大处讲，谈中国传统礼乐文化，谈人文化成，谈封

---

[1]　王国维著：《观堂集林》（第2册），中华书局1959年版，第453—454页。
[2]　夏曾佑著：《中国古代史》，东方出版社2012年版，第32页。

建宗法社会，谈封邦建国，谈以德治国，谈大一统等，都离不开周公。从小处讲，周公不避嫌怨，勇于担当，能够在武王死后辅佐成王"摄行政当国"①，不贪恋权力，不贪图享乐，在周王朝统治巩固后，急流勇退，决然归政于成王，其中所表现出的高尚人品与政治操守也永远成为后世从政者的榜样。

---

① （西汉）司马迁撰：《史记》卷33《鲁周公世家第三》，第1518页。

附 录

一、主要参考书目

（汉）刘向著：《新序》，商务印书馆 1936 年版。

（汉）司马迁撰：《史记》，中华书局 1982 年版。

（战国）佚名著：《竹书纪年》，中华书局 1985 年版。

（宋）黎清德编：《朱子语类》，中华书局 1986 年版。

（战国）荀况著：《荀子》，上海古籍出版社 1989 年版。

（战国）吕不韦编.《吕氏春秋》，上海古籍出版社 1989 年版。

（唐）柳宗元著：《柳河东集》，上海古籍出版社 1993 年版。

（东周）佚名著：《逸周书》，辽宁教育出版社 1997 年版。

（战国）公羊高撰：《春秋公羊传》，辽宁教育出版社 1997 年版。

（商）姬昌著：《周易》，岳麓书社 2000 年版。

（春秋）孔门弟子编：《论语》，岳麓书社 2000 年版。

（西汉）戴圣编：《礼记》，辽宁教育出版社 2000 年版。

（战国）孟轲著：《孟子》，岳麓书社 2000 年版。

（（春秋）孔子编：《尚书》，岳麓书社 2001 年版。

（西周）姬旦著：《周礼》，岳麓书社 2001 年版。

（东周）佚名著：《仪礼》，岳麓书社 2001 年版。

（战国）韩非著：《韩非子》，吉林文史出版社 2004 年版。

（春秋）左丘明撰：《左传》，岳麓书社 2006 年版。

（春秋）孔子编：《诗经》，万卷出版公司 2009 年版。

（汉）董仲舒撰：《春秋繁露》，上海书店出版社 2012 年版。

（春秋）管仲著：《管子》，上海古籍出版社 2015 年版。

（汉）刘向著：《战国策》，岳麓书社 2015 年版。

（春秋）左丘明著：《国语》，上海古籍出版社 2015 年版。

（汉）刘向编撰：《说苑》，商务印书馆 2018 年版。

（战国）谷梁赤撰：《春秋穀梁传》，岳麓书社 2020 年版。

吕振羽著：《殷周时代的中国社会》，生活·读书·新知三联书店 1962 年版。

赵光贤著：《周代社会辨析》，人民出版社 1980 年版。

杨鹤皋主编：《中国法律思想史》，北京大学出版社 1988 年版。

杨向奎著：《宗周社会与礼乐文明》，人民出版社 1992 年版。

晁福林主编：《中国古代史》（上册），北京师范大学出版社 1994 年版。

刘泽华著：《中国古代政治思想史》，南开大学出版社 1995 年版。

晁福林著：《夏商西周的社会变迁》，北京师范大学出版社 1996 年版。

任继愈主编：《中国哲学史》，人民出版社 1996 年版。

白钢主编，王宇信、杨升南著：《中国政治制度通史》（第 2 卷，先秦），人民出版社 1996 年版。

李学勤主编：《中国古代文明与国家形成研究》，云南人民出版社 1997 年版。

巴新生著：《西周伦理形态研究》，天津古籍出版社 1997 年版。

杨宽著：《西周史》，上海人民出版社 1999 年版。

郑师渠总主编，王冠英主编：《中国文化通史》（先秦卷），中共中央党校出版社 2000 年版。

王晖著：《商周文化比较研究》，人民出版社 2000 年版。

王玉哲著：《中华远古史》，上海人民出版社 2000 年版。

刘泽华、葛荃主编：《中国古代政治思想史》，南开大学出版社 2001 年版。

王国维著：《观堂集林·殷周制度论》，河北教育出版社 2001 年版。

瞿同祖著：《中国封建社会》，上海人民出版社 2003 年版。

唐帼丽著：《传统中国的文化精神》，中国社会科学出版社 2003 年版。

齐涛主编，王和著：《中国政治通史——从邦国到帝国的先秦政治》，泰山出版社 2003 年版。

周延良著：《夏商周原始文化要论》，学苑出版社 2004 年版。

钱穆著：《中国历代政治得失》，三联书店 2005 年版。

丁小萍著：《中国古代政治智慧》，浙江大学出版社 2005 年版。

冯天瑜著：《中华元典精神》，武汉大学出版社 2006 年版。

辜堪生、李学林著：《周公评传》，四川大学出版社 2006 年版。

李学勤主编，孟世凯副主编：《西周史与西周文明》，上海科学技术文献出版社 2007 年版。

刘泽华著：《中国政治思想史集》，人民出版社 2008 年版。

薛永武著：《礼记·乐记研究》，光明日报出版社 2010 年版。

黄勇军著：《儒家政治思维传统及其现代转化》，岳麓书社 2010 年版。

秦敬修著：《周易卦解》，社会科学文献出版社 2010 年版。

何怀宏著：《世袭社会——西周至春秋社会形态研究》，北京大学出版社 2011 年版。

钱穆著：《周公》，九州出版社 2011 年版。

杨琥编：《夏曾佑集》，上海古籍出版社 2011 年版。

陈戌国著：《中国礼制史》（先秦卷），湖南教育出版社 2011 年版。

杨向奎著：《大一统与儒家思想》，北京出版社 2011 年版。

陶希圣著：《中国政治思想史》（上、下册），中国大百科全书出版社 2011 年版。

夏曾佑著：《中国古代史》，东方出版社 2012 年版。

陈占国著：《先秦儒学史》，人民出版社 2012 年版。

吕庙军著：《周公研究》，人民出版社 2012 年版。

蔡尚思著：《孔子思想体系》，上海古籍出版社 2013 年版。

孙隆基著：《中国文化的深层结构》，中信出版社 2015 年版。

田昌五著：《华夏文明的起源》，中国书籍出版社 2015 年版。

金春峰著：《先秦思想史论》，东方出版社 2015 年版。

王宁、褚斌杰等著：《十三经说略》，中华书局 2015 年版。

周桂钿著：《中国政治智慧》，福建教育出版社 2016 年版。

武树臣著：《法家法律文化通论》，商务印书馆 2017 年版。

许倬云著：《西周史》，生活·读书·新知三联书店 2018 年版。

二、周公行政大事记

周武王元年（公元前 1076 年）

武王即位，太公望为师，周公旦为辅，召公、毕公之徒左右王，师修文王绪业。旦常辅翼武王，用事居多。

周武王九年（公元前 1068 年）

周武王东伐至孟津，周公辅行。

周武王十一年（公元前 1066 年）

周公辅佐武王讨伐殷商，至牧野，周公佐武王，作《牧誓》，与纣王军战于商郊之牧野，遂灭商。

周武王十二年（公元前 1065 年）

武王封弟叔鲜于管，叔度于蔡。立纣子武庚禄父为诸侯以治殷商遗民，使管、蔡监之。又封弟叔旦于鲁而相周，是为周公。又封弟叔振铎于曹，封弟叔武于成。又封师尚父于齐。

周武王十三年（公元前 1064 年）

武王克殷二年，天下未集。周公辅佐武王访贤、分封与拨乱反正，致力稳定与巩固周新生政权。

周成王元年（公元前 1063 年）

成王名诵，武王子。武王死，成王幼，周公当国听政。此年，管叔、蔡叔与纣王子武庚叛周，周公说服召公等人团结一心，安定后方，开始东征。

周成王二年（公元前 1062 年）

周公东征，讨管、蔡、武庚。

周成王三年（公元前 1061 年）

周公平三监之乱，杀武庚、管叔，放蔡叔。周公讨平管、蔡后，又继续向东方用兵，灭奄（今山东曲阜）等五十余国，驱飞廉于海隅而戮之，周之势力遂东至于海。

周成王四年（公元前 1060 年）

周公既杀武庚，乃封殷后微子启于宋，以治殷商之遗民。又封康叔于卫，其地在黄河淇河间，是商都之废墟。周公广封亲戚，以为周室屏藩，立七十一国，姬姓居五十三。

周成王五年（公元前 1059 年）

周公经营成周（洛邑）为周之东都。

周成王六年（公元前 1058 年）

周公制礼作乐。

周成王七年（公元前 1057 年）

周公以成王年已长，还政于成王。

关于周公之行政踪迹，司马迁在《史记·周本纪》中有比较详细的记载：

> 成王少，周初定天下，周公恐诸侯畔周，公乃摄行政当国。管叔、蔡叔群弟疑周公，与武庚作乱，畔周。周公奉成王命，伐诛武庚、管叔，放蔡叔。以微子开代殷后，国于宋。颇收殷馀民，以封武王少弟封为卫康叔。晋唐叔得嘉谷，献之成王，成王以归周公于兵所。周公受禾东土，鲁天子之命。初，管、蔡畔周，周公讨之，三年而毕定，故初作《大诰》，次作《微子之命》，次《归禾》，次《嘉禾》，次《康诰》、《酒诰》、《梓材》，其事在周公之篇。周公行政七

年，成王长，周公反政成王，北面就群臣之位。成王在丰，使召公复营洛邑，如武王之意。周公复卜申视，卒营筑，居九鼎焉。曰："此天下之中，四方入贡道里均。"作《召诰》、《洛诰》。成王既迁殷遗民，周公以王命告，作《多士》、《无佚》。召公为保，周公为师，东伐淮夷，残奄，迁其君薄姑。成王自奄归，在宗周，作《多方》。既绌殷命，袭淮夷，归在丰，作周官。兴正礼乐，度制于是改，而民和睦，颂声兴。